Bernd Marcus

Einführung in die Arbeits- und Organisationspsychologie

Basiswissen Psychologie

Herausgeber:
Prof. Dr. Jürgen Kriz

Die neue Reihe im VS Verlag – konzipiert für Studierende und Lehrende der Zukunft, die Wesentliches in kurzer Zeit erfassen wollen!

Die Bücher bieten Studierenden preiswert und in aller Kürze einen fundierten Überblick über die wichtigsten Fakten und wecken die Lust am Weiterdenken und -lesen. Die ideale Vorbereitung für Vorlesungen, Seminare und Prüfungen.

Neue Freiräume in der Lehre: Das BASISWISSEN bietet eine flexible Prüfungsgrundlage und schafft Raum für individuelle Vertiefungen, Diskussion aktueller Forschung und Praxistransfer.

Bernd Marcus

Einführung in die Arbeits- und Organisationspsychologie

VS VERLAG

Bibliografische Information der Deutschen Nationalbibliothek
Die Deutsche Nationalbibliothek verzeichnet diese Publikation in der
Deutschen Nationalbibliografie; detaillierte bibliografische Daten sind im Internet über
<http://dnb.d-nb.de> abrufbar.

1. Auflage 2011

Alle Rechte vorbehalten
© VS Verlag für Sozialwissenschaften | Springer Fachmedien Wiesbaden GmbH 2011

Lektorat: Kea Brahms / Eva Brechtel-Wahl

VS Verlag für Sozialwissenschaften ist eine Marke von Springer Fachmedien.
Springer Fachmedien ist Teil der Fachverlagsgruppe Springer Science+Business Media.
www.vs-verlag.de

Das Werk einschließlich aller seiner Teile ist urheberrechtlich geschützt. Jede Verwertung außerhalb der engen Grenzen des Urheberrechtsgesetzes ist ohne Zustimmung des Verlags unzulässig und strafbar. Das gilt insbesondere für Vervielfältigungen, Übersetzungen, Mikroverfilmungen und die Einspeicherung und Verarbeitung in elektronischen Systemen.

Die Wiedergabe von Gebrauchsnamen, Handelsnamen, Warenbezeichnungen usw. in diesem Werk berechtigt auch ohne besondere Kennzeichnung nicht zu der Annahme, dass solche Namen im Sinne der Warenzeichen- und Markenschutz-Gesetzgebung als frei zu betrachten wären und daher von jedermann benutzt werden dürften.

Umschlaggestaltung: KünkelLopka Medienentwicklung, Heidelberg
Satz: Jens Ossadnik; www.rundumtext.de
Druck und buchbinderische Verarbeitung: Ten Brink, Meppel
Gedruckt auf säurefreiem und chlorfrei gebleichtem Papier
Printed in the Netherlands

ISBN 978-3-531-16724-4

Inhaltsverzeichnis

Vorwort 7

1 **Grundlagen und Selbstverständnis der Arbeits- und Organisationspsychologie** 11
   1.1 Gegenstandsbereiche und Perspektiven der Arbeits- und Organisationspsychologie 11
   1.2 Selbstverständnis der Arbeits- und Organisationspsychologie 16
   1.3 Berufsfelder, Organisationen und Informationsquellen für Arbeits- und Organisationspsychologen 19

2 **Geschichte und Zukunft der Arbeits- und Organisationspsychologie** 25
   2.1 Entwicklungen bis zum 1. Weltkrieg 26
   2.2 Expansion und Veränderung bis zum 2. Weltkrieg 31
   2.3 Entwicklungslinien nach dem 2. Weltkrieg 36
   2.4 Trends im 21. Jahrhundert 40

3 **Arbeitspsychologie** 45
   3.1 Grundbegriffe und ein theoretischer Rahmen der Arbeitspsychologie 46
   3.2 Arbeitsanalyse und -bewertung 49
   3.3 Arbeitsgestaltung 53
      3.3.1 Gestaltung von Arbeitsaufgaben *54*
      3.3.2 Gestaltung von Arbeitsbedingungen *58*
      3.3.3 Gestaltung der Arbeitsmittel *59*
   3.4 Folgen der Arbeit 60
      3.4.1 Fehlbeanspruchungen und Arbeitsgesundheit *61*
      3.4.2 Fehlhandlungen und Arbeitssicherheit *66*
      3.4.3 Arbeit und Nicht-Arbeit *67*

4	**Personalpsychologie**	**69**
4.1	Berufsinteressen, Berufswahl und Berufslaufbahn	69
4.2	Anforderungsanalyse	72
4.3	Personalmarketing und -auswahl	74
	4.3.1 Personalmarketing und Organisationswahl	*75*
	4.3.2 Personalauswahl aus Organisations- und Bewerbersicht	*76*
4.4	Personalbeurteilung und berufliche Leistung	80
	4.4.1 Konstrukte beruflicher Leistung und beruflichen Verhaltens	*81*
	4.4.2 Leistungsbeurteilung	*83*
4.5	Personalentwicklung	85
5	**Organisationspsychologie**	**91**
5.1	Mikroebene: Motivation und Arbeitseinstellungen	91
	5.1.1 Arbeitsmotivation	*92*
	5.1.2 Arbeitseinstellungen	*97*
5.2	Mesoebene: Interaktionen und Prozesse in Gruppen und Dyaden	99
	5.2.1 Mitarbeiterführung	*99*
	5.2.2 Gruppenarbeit	*103*
	5.2.3 Kommunikation und Konflikte in Organisationen	*107*
5.3	Makroebene: Beschreibung und Gestaltung der Gesamtorganisation	111
	5.3.1 Beschreibung: Organisationsstruktur und -theorien	*111*
	5.3.2 Gestaltung: Organisationsdiagnose und -entwicklung	*114*
6	**Forschungsmethoden der Arbeits- und Organisationspsychologie**	**119**
6.1	Problemstellung, Untersuchungsziel und Hypothesenformulierung	120
6.2	Untersuchungsplanung	122
6.3	Datenerhebung	130
6.4	Datenauswertung	132
6.5	Interpretation und Kommunikation der Ergebnisse	136
Literaturverzeichnis		**145**
Stichwortverzeichnis		**157**

Vorwort

Nichts ist so praktisch wie eine gute Theorie.

Kurt Lewin

Das oben stehende Zitat, das einem der großen Pioniere der Organisations- wie auch der Sozialpsychologie zugeschrieben wird, erfreut sich unter wissenschaftlich arbeitenden Psychologen außerordentlicher Beliebtheit. Man kann es vielleicht auf zweierlei Weise lesen. Die Wissenschaftlerin weist es darauf hin, dass sich der Wert einer Theorie nicht zuletzt auch in ihrer Anwendbarkeit für praktische Fragestellungen erweist. Für den Praktiker ergibt sich daraus, dass gute Lösungen für praktische Probleme nicht aus dem Hemdsärmel fallen, sondern sich erst durch eine brauchbare Abstraktion der Wirklichkeit ergeben. Für Puristen beider Lager mag es manchmal schwer zu akzeptieren sein, dass zwischen Theorie und Praxis kein Gegensatz besteht, sondern sich beide ergänzen. Für eine Anwendungsdisziplin wie die Arbeits- und Organisationspsychologie ist dieser Gedanke dagegen geradezu programmatisch (vgl. Kap. 1).

Die Arbeits- und Organisationspsychologie war lange so etwas wie das Schmuddelkind der wissenschaftlichen Psychologie und hat hart um ihre Anerkennung ringen müssen (vgl. Kap. 2). Heute gilt sie, nach der Klinischen Psychologie, als das zweitwichtigste Anwendungsfeld psychologischer Forschung, mit zunehmender Tendenz auch als das zweitwichtigste Berufsfeld für praktisch tätige Psychologen (Bundesagentur für Arbeit, 2005).

Trotz seiner Länge ist der Begriff „Arbeits- und Organisationspsychologie" (von jetzt an der Einfachheit halber als AO-Psychologie bezeichnet) inhaltlich bereits eine Verkürzung. Die AO-Psychologie beschäftigt sich nämlich eigentlich zumindest mit drei Hauptgebieten: erstens der eigentlichen (Berufs-) Arbeit bzw. den Arbeitsaufgaben (Arbeit), zweitens den (einzelnen) Menschen, die diese Arbeit ausführen (Personal) und drittens den Beziehungen dieser Aufgaben und Menschen untereinander im Rahmen von Interaktionen und übergeordneten Einheiten (Organisation). In manchen Darstellungen der AO-Psychologie wird auch noch der Aspekt der Entwicklung beruflicher Interessen und der beruflichen Sozialisation eingeschlossen. Eigentlich müsste das Fach dann vollständig Arbeits-, Personal-, Organisations- und Berufspsychologie heißen, was nun aber wirklich ein Wortungetüm wäre (veraltet ist dagegen ein anderes Wortmonster, die Arbeits-, Betriebs- und Organisationspsychologie). Aktuell wird im Fach auch eine Verbreiterung auf den Begriff der Wirtschaftspsychologie diskutiert, die neben den genannten Themen der AO-Psychologie auch Gebiete wie die Markt- und Werbepsychologie und die Finanzpsychologie umfasst.

In dieser Einführung wird AO-Psychologie auf das Erleben und Verhalten von Berufstätigen beschränkt und dabei der Schwerpunkt auf die Bereiche Arbeit, Personal und Organisation gelegt. Einige Aspekte auch der Berufspsychologie werden jedoch im Zusammenhang mit der Personalpsychologie zumindest angesprochen. Die Trennung der Teilbereiche ist dabei zwar konzeptionell sinnvoll, in der betrieblichen Praxis besteht jedoch eine enge Verzahnung. So verändert z.B. die Einführung einer neuen Fertigungstechnologie zunächst die Arbeitsaufgaben (A), was in der Folge neue psychologische Anforderungen bedeutet, denen in der Auswahl und der Ausbildung der Mitarbeiter Rechnung getragen werden muss (P), und führt schließlich häufig auch zu grundsätzlichen Veränderungen in der Führung und Organisation (O). Diese Interdependenzen sollten bei aller gedanklichen Trennung der Themengebiete nicht aus den Augen verloren werden. Ferner haben die Themenbereiche, mit denen sich die AO-Psychologie auseinandersetzt, neben der psychologischen offensichtlich z.B. auch eine technische und eine wirtschaftliche Dimension. Die Untersuchungsgegenstände der AO-Psychologie interessieren daher in erheblichen Teilbereichen auch Nachbardisziplinen aus den Ingenieurs-, Rechts-, Wirtschafts-, Human- und Sozialwissenschaften. Für praktisch arbeitende AO-Psychologen ist eine besondere Anforderung daher die Zusammenarbeit mit Kolleginnen, die, je nach Teilgebiet, sehr unterschiedliche fachliche Hintergründe mitbringen können.

Lehrbücher der AO-Psychologie, auch solche zu einzelnen Teilgebieten, umfassen i.d.R. deutlich über 500 meist eng beschriebene Seiten. Der vorliegende Band kann auf einem Bruchteil dieses Umfangs nur eine Hin-

Vorwort

führung zu vertiefenden Darstellungen und eine inhaltliche Klammer und Ergänzung zu solchen Texten sein. Er stellt übergreifende Themen des Fachs in einer gewissen Tiefe dar, beschränkt sich bei den spezifischen Themen aber auf eine stark einführende und überblicksartige Darstellung. Zur Vertiefung sei auch auf die Bände Arbeits-, Personal- und Organisationspsychologie aus der Reihe Basiswissen Psychologie verwiesen, die inhaltlich an diesen Band anknüpfen.

Schließlich möchte an dieser Stelle allen herzlich danken, die an dem vorliegenden Band mitgewirkt haben, insbesondere Frau Kea Sarah Brahms vom VS Verlag für ihre zahlreichen klugen und hilfreichen Hinweise zur Überarbeitung des Manuskripts und Frau Roswitha Materlik für ihre Hilfe bei dessen Erstellung.

Hagen, im August 2010   Bernd Marcus

1 Grundlagen und Selbstverständnis der Arbeits- und Organisationspsychologie

In der modernen Arbeitswelt spielt sich Erwerbsarbeit i.d.R. in vertraglich geregelter Form im Rahmen von Unternehmen oder anderen Organisationen ab. Die Arbeits- und Organisationspsychologie (kurz: AO-Psychologie) beschäftigt sich im Grunde mit allen psychologischen Aspekten der Arbeits- und Berufswelt, die sehr vielfältig sind. In einer sehr allgemeinen Form lässt sich AO-Psychologie daher definieren als *die Wissenschaft vom Verhalten und Erleben von Menschen in (Arbeits-)Organisationen,* wobei die Auswirkungen der Arbeit allerdings auch den Freizeitbereich und das Fehlen einer Beschäftigung (Arbeitslosigkeit) einschließen können. In den folgenden Abschnitten wird zunächst versucht, den Gegenstandsbereich der AO-Psychologie anhand seiner Inhalte und Perspektiven zu strukturieren, und es wird anhand einiger empirischer Beispiele die praktische Bedeutung des Faches illustriert. Danach wird ein Wissenschafts- und Berufsverständnis der AO-Psychologie entwickelt, das nicht den Anspruch erhebt, das einzig mögliche oder wahre Selbstverständnis zu sein, aber doch einen in Fachorganisationen verbreiteten Konsens repräsentiert und auch die Basis für die didaktische Konzeption dieses Textes bildet. Einige Hinweise zu Berufsfeldern, wissenschaftlichen Quellen und Fachorganisationen schließen das Kapitel ab.

1.1 Gegenstandsbereiche und Perspektiven der Arbeits- und Organisationspsychologie

Die schon angesprochene Dreiteilung in die Bereiche *Arbeit*, *Personal* und *Organisation* bezieht sich auf eine inhaltliche Kategorisierung der Gegenstände, mit denen sich AO-Psychologinnen auseinandersetzen. Auf die genaue Bedeutung dieser drei Begriffe wird in den Kapiteln 3 bis 5 noch eingegangen. Für die Strukturierung des Themenfelds ist es wichtiger darauf hinzuweisen, dass diese Trinität einen pragmatischen Ansatz darstellt, der eine nützliche, aber nicht immer trennscharfe Typologie der Themen erlaubt und außerdem in dieser Form noch relativ neu ist und so nicht überall verwendet wird. Dabei beschäftigt sich die Arbeitspsychologie mit psychologischen Aspekten der Arbeitsaufgabe selbst und abstrahiert weitgehend von den individuellen Arbeitenden und deren interindividuellen Unterschieden wie auch von Besonderheiten der Arbeitsgruppe und der Organisation, in denen Arbeit stattfindet. Solche Besonderheiten sind bzw. waren traditionell Gegenstand der Organisationspsychologie, die in einem weiten Verständnis sowohl Individuen als auch Gruppen und Organisationen als Betrachtungsgegenstand einschloss. In neueren Darstellungen (z.b. Nerdinger, Blickle & Schaper, 2008; Weinert, 2004) setzt sich innerhalb der klassischen Organisationspsychologie die Unterscheidung in die Bereiche Personal und Organisation durch. Die Personalpsychologie beschäftigt sich dabei vorwiegend mit interindividuellen Differenzen zwischen Arbeitenden, die besonders für die klassischen Personalfunktionen Auswahl, Entwicklung und Beurteilung eine Rolle spielen. Die Organisationspsychologie im engeren Sinne konzentriert sich dagegen auf die Beziehungen und Interaktionen der Individuen untereinander in sozialen Einheiten von der Dyade (z.B. Mitarbeiter-Vorgesetzter) bis hin zu interorganisationalen Beziehungen.

Strukturierung des Fachs in Nordamerika. Dieses engere Verständnis deckt sich weitgehend mit dem der nordamerikanischen „organizational psychology" (in der Management-Literatur auch „organizational behavior"). Dagegen werden die meisten Inhalte der deutschsprachigen Arbeits- und Personalpsychologie, also die individuellen Aspekte der Arbeit und der Person, dort unter dem Begriff „industrial psychology" zusammengefasst (das ganze Fach heißt dementsprechend „IO psychology"), wobei jedoch Teile der Arbeitspsychologie häufig ausgegliedert und unter den Begriffen „human factors" (z.B. Ergonomie) und „occupational health psychology" (z.B. Belastung und Beanspruchung) behandelt werden. Uneinheitlich wird auch die Einordnung der Berufspsychologie (z.B. Berufsinteressen, Berufsklassifikation, Berufslaufbahn) gehandhabt, die in Deutschland häufig im Rahmen der Personalpsychologie dargestellt wird, während sie in Nordamerika oft als eigenständiges Themengebiet („vocational psychology") behandelt wird.

Unterscheidung nach Grundlagendisziplinen. Trotz dieser Abgrenzungsschwierigkeiten und den schon angesprochenen erheblichen Interdependenzen in der betrieblichen Praxis erscheint die Unterteilung in die Bereiche Arbeit, Person(al) und Organisation besonders aus theoretischen Gründen sinnvoll. Die AO-Psychologie ist ein Anwendungsfach, das aus den Erkenntnissen unterschiedlicher Grundlagenfächer der Psychologie schöpft. Dabei unterscheiden sich die Schwerpunkte erheblich zwischen den drei Teilgebieten. Im Bereich Arbeit wird besonders auf generelle Gesetzmäßigkeiten der menschlichen Psyche rekurriert, mit denen sich im Grundlagenbereich vor allem die *Allgemeine Psychologie* beschäftigt. Der Schwerpunkt der Personalpsychologie liegt dagegen in den Erkenntnisgegenständen der *Differentiellen Psychologie* und *Diagnostik*, während die Organisationspsychologie in weiten Teilen angewandte *Sozialpsychologie* ist. Einen spezifisch entwicklungspsychologischen Schwerpunkt hat keines der drei Teilgebiete A, P und O, wohl aber die Berufspsychologie. Die methodischen und theoretischen Zugänge unterscheiden sich entsprechend in den Teilgebieten der AO-Psychologie z.T. erheblich (zu bereichsübergreifenden methodischen Besonderheiten für die AO-Psychologie vgl. Kap. 6). Tabelle 1.1 fasst nochmals grundsätzliche Unterschiede zwischen den Teilbereichen zusammen.

Tabelle 1.1: Gegenstandsbereiche der AO-Psychologie

	Arbeit	Personal	Organisation
Zentraler Gegenstand	Arbeitsaufgabe	Individuum	Dyade, Gruppe, Organisation
Zentrales Erkenntnisinteresse	Intraindividuelle Prozesse	Interindividuelle Unterschiede	Interindividuelle Prozesse
Schwerpunkt im Grundlagenbereich	Allgemeine Psychologie I	Differentielle Psychologie, Diagnostik	Sozialpsychologie
Anwendungsbeispiele	Arbeitsanalyse, Arbeitsgestaltung	Eignungsdiagnostik, Training	Führungsverhalten, Gruppenarbeit

Perspektiven der Organisation und der Mitarbeiter. Die inhaltliche Gliederung nach A, P und O wird jeweils von einer weiteren wichtigen Unterscheidung überlagert, derjenigen der *Interessengruppen*, denen die AO-Psychologie dienen soll. Nach dem in expliziter Abgrenzung vom Shareholder-Ansatz entwickelten Stakeholder-Ansatz der Managementlehre (Freeman, 1984) können zahlreiche Gruppen Ansprüche an Unternehmensentscheidungen anmelden, neben den Eigentümern Mitarbeiter, Kunden, Lieferanten, Gläubiger, „der Staat" etc. Für AO-Psychologen stehen meist zwei Interessengruppen im Mittelpunkt, deren jeweilige Perspektive bei fast allen Projekten simultan zu berücksichtigen ist. Auftraggeber für AO-psychologische Praxisprojekte ist häufig die Leitung eines Unternehmens, d.h. die Eigentümer oder deren Vertreter (z.b. Management, Personalabteilung). Deren Interessen beschreiben die Perspektive der *Organisation*. Unmittelbar betroffen von AO-psychologischen Maßnahmen sind dagegen meist in erster Linie die *Mitarbeiter* (in der Eignungsdiagnostik auch externe Bewerber), deren Perspektive AO-Psychologen schon aus berufsethischen Gründen ebenfalls stets im Auge behalten müssen (z.b. Berufsverband Deutscher Psychologinnen und Psychologen (BDP), 2005). Das Wort „müssen" im vorangegangenen Satz ist übrigens durchaus wörtlich zu nehmen. Anders als in der Klinischen Psychologie, bei der die Person der Klientin oft sowohl Auftraggeberin als auch Betroffene einer Intervention ist, können in der AO-Psychologie durchaus widersprüchliche Interessen zwischen Organisation und Mitarbeiter bestehen. AO-Psychologen müssen die Interessen der Betroffenen auch dann berücksichtigen, wenn es einem expliziten Wunsch des Auftraggebers widerspricht (BDP, 2005). Zum Beispiel könnte sich ein Auftraggeber wünschen, dass in einem Auswahlverfahren ein für die Bewerber absichtsvoll stark belastendes Gespräch („Stressinterview") durchgeführt wird. Dann wäre der diagnostische Nutzen gegen das Kriterium der Zumutbarkeit abzuwägen und im (sehr wahrscheinlichen) Fall eines negativen Ausgangs dieser Abwägung der Auftrag ggf. abzulehnen.

Effizienz- und Humanisierungsziele. Diese in der AO-Psychologie sehr zentrale Dualität der Perspektiven sowohl der Organisation als auch der Mitarbeiter bzw. Bewerberinnen korrespondiert auch mit den beiden wichtigsten Kategorien von Zielen AO-psychologischer Forschung, nämlich zum einen dem ökonomischen Ziel der Verbesserung der *Effizienz* von Organisationen und zweitens dem sozialen Ziel der *Humanisierung* der Arbeitswelt. Obwohl in allen Bereichen der AO-Psychologie beide Ziele parallel verfolgt werden, gibt es doch graduelle Unterschiede. In der historisch eher europäisch geprägten Arbeitspsychologie, in der z.B. eine bedeutende Strömung aus den ehemals sozialistischen Staaten Osteuropas stammt, dominieren traditionell eher Humanisierungsziele. Die zumindest seit dem zweiten Weltkrieg stark nordamerikanisch beeinflusste Personalpsychologie nimmt tendenziell stärker die Perspektive der Organisation ein und konzentriert sich auf die Effizienz bzw. Leistung, obwohl sich auch hier in jüngster Zeit das Interesse an Humanzielen verstärkt hat. Glücklicherweise bestehen zwischen Effizienz- und Humanzielen sehr viel seltener Konflikte als man vielleicht vermuten könnte. Anders als manche betriebswirtschaftlichen Maßnahmen, besonders solche, die einseitig an der Kostenreduzierung orientiert sind, verbessern Vorschläge der AO-Psychologie in aller Regel sowohl die Effizienz als auch das soziale Klima. Gerade Ersteres wird in manchen Managementkreisen, in denen der Mythos eines von harten Zahlen diktierten sozialdarwinistischen Überlebenskampfes gepflegt wird, einem „weichen" Fach wie der AO-Psychologie (oder auch den als „Softis" der BWL verschrienen Personalwirtschaftlern, s.u.) gern abgesprochen.

Human Resources Management. Die gleichzeitige Verfolgung von Humanisierungs- und Effizienzzielen deckt sich mit wirtschaftswissenschaftlichen Lehren von *Humankapital* bzw., speziell in der Betriebswirtschaftslehre, von Personalwirtschaft als Human Resources (HR) Management. Der Begriff Humankapital wird manchmal sehr gründlich als zynische Reduzierung des Menschen auf dessen Wert als Wirtschaftsfaktor missverstanden, was durchaus an der Wortwahl liegen kann. Diese Auffassung hat z.B. die Deutsche Gesellschaft für Sprache zu der (heftig kritisierten) Entscheidung bewogen, Humankapital zum Unwort des Jahres 2004 zu wählen. Tatsächlich betonen Humankapital-Ansätze den Wert von Bildung und Wissen für Gesellschaft und Unternehmen und betrachten Mitarbeiter zwar durchaus als wirtschaftlichen Faktor, jedoch als einen, der langfristige Investitionen und Bindung verlangt und dann entscheidend zur nachhaltigen Entwicklung des Unternehmenserfolgs beiträgt (z.B. Oechsler, 2006). Damit grenzt sich der HR-Ansatz explizit von der kurzfristigen Betrachtung des Personals als bloßem Kostenfaktor ab, betrachtet eine Politik des „hire and fire" als Wertvernichtung und setzt dem den Nutzen von vorwiegend AO-psychologisch fundierten Praktiken wie humaner Arbeitsgestaltung oder sorgfältiger Personalauswahl, -führung und -entwicklung entgegen.

Diese Auffassung belegen zahlreiche empirische Befunde eindrucksvoll. Zum Beispiel fassten Guzzo, Jette und Katzell (1985) in einer Metaanalyse (s. Kap. 6) die Ergebnisse von über 300 Feldexperimenten zu AO-psychologischen Interventionen zusammen und fanden im Mittel eine moderate Verbesserung der Produktivität. Allerdings unterschieden sich die Effekte deutlich zwischen den verschiedenen Arten von Interventionen und Produktivitätsmaßen, d.h. es ist manchmal mit schwächeren oder selten auch negativen Folgen, manchmal aber auch mit deutlich stärker positiven Effekten zu rechnen. In einer Studie von Patterson, West, Lawthorn und Nickell (1997) ließen sich je 17% der Unterschiede in der Profitabilität und Produktivität mittelständischer britischer Industriebetriebe auf Unterschiede in den Personalpraktiken zurückführen, jedoch nur zwischen einem und acht Prozent auf Unterschiede in Unternehmensstrategien und Technologie. In einer aktuellen Längsschnittstudie (Van Iddekinge et al., 2009) zeigte sich, dass die Wirkung personalpsychologischer Maßnahmen wie Auswahl und Training auf harte betriebswirtschaftliche Maße erst längerfristig einsetzt und zum Teil über eher „weiche" Kriterien wie verbesserte Kundenbetreuung vermittelt wird. Dass solche Wirkungen auch auf ganz anderen Ebenen liegen können, zeigt eine originelle Studie von West, Guthrie, Dawson, Borrill und Carter (2006). Die Autoren untersuchten den Einfluss verschiedener AO-psychologischer Praktiken wie z.B. Training, Leistungsbeurteilung oder Partizipation auf die Sterblichkeitsraten der Patienten in 52 englischen Krankenhäusern. Sie fanden, dass deren Überlebenschancen nach Kontrolle anderer Faktoren (z.B. der Personalausstattung) in nicht geringem Umfang davon abhingen, wie professionell Prinzipien des HR Management im jeweiligen Krankenhaus umgesetzt wurden. Dies sind nur wenige erste Beispiele für den empirisch belegte Nutzen der AO-Psychologie.

1.2 Selbstverständnis der Arbeits- und Organisationspsychologie

Natürlich gibt es innerhalb eines inhaltlich so breiten Faches wie der AO-Psychologie nicht *das* von allen geteilte Selbstverständnis. AO-Psychologen unterscheiden sich z.B. in ihren grundsätzlichen wissenschaftstheoretischen und methodischen Orientierungen wie die Vertreter anderer Teildisziplinen auch. Gewisse Spezifika der AO-Psychologie schränken diese Vielfalt allerdings auch wieder ein.

Pragmatische Orientierung. Als Vertretern eines Anwendungsfachs fällt es AO-Psychologen naturgemäß schwerer als Grundlagenwissenschaftlern, orthodoxe Auffassungen theoretisch-paradigmatischer oder methodischer Art durchzuhalten. Der Anwendungsbezug und durch die Praxis gesetzte Randbedingungen zwingen AO-Psychologen zu einem gewissen Maß an *Pragmatismus*. Zum Beispiel mag es bis zu einem bestimmten Grad gerechtfertigt sein, berufliche Leistung als eine nicht objektivierbare soziale Konstruktion aufzufassen. Diese relativierende Grundhaltung des Sozialkonstruktivismus stößt allerdings an ihre Grenzen, wenn ein Auftraggeber wissen möchte, warum Versicherungsvertreterin A konstant mehr Policen verkauft als ihr Kollege B oder warum die von Mechatroniker C reparierten Autos so auffällig oft Gegenstand von Kundenreklamationen sind. Am ungefähr entgegengesetzten Pol wissenschaftlicher Haltungen liegen die reine Experimentalpsychologie und die streng naturwissenschaftliche Ausrichtung an physiologischen Messdaten. Obwohl auch diese Auffassungen ihre Vertreter innerhalb der AO-Psychologie haben, finden echte Experimente und physiologische Messungen in der AO-Psychologie schon deshalb seltener statt als korrelative Fragebogenstudien, weil nicht alle Firmen mit der Zufallsaufteilung ihrer Mitarbeiter z.B. auf verschiedene Führungsstile einverstanden sind oder weil für die meisten in der AO-Psychologie relevanten Konstrukte (z.B. Arbeitszufriedenheit) keine befriedigenden physiologischen Indikatoren existieren.

Quantitativ-empirische Orientierung. Das bedeutet jedoch nicht, dass die AO-Psychologie den Pragmatismus so weit treibt, sich von der empirisch-analytischen Grundhaltung des kritischen Rationalismus weiter als nötig zu entfernen. Der Mainstream innerhalb der AO-psychologischen Forschung ist nicht streng experimentell und auch nicht im eigentlichen Sinne naturwissenschaftlich, aber doch quantitativ-empirisch und an den Popper'schen Idealen von Hypothesenbildung und Falsifikation orientiert. Er lässt sich vielleicht am treffendsten mit dem Begriff *evidenzbasiert* kennzeichnen, der sich in den 1990er Jahren zuerst in der Medizin durchgesetzt hat und inzwischen u.a. auch auf die Managementlehre übertragen wurde (z.B. Rousseau, 2006), dessen Prinzipien in der AO-Psychologie aber im Grunde schon seit deren Frühzeit praktiziert wurden. In der Medizin versteht man unter evidenzbasierter Entscheidungsfindung die Kombination individueller klinischer Expertise mit „the best available external clinical evidence from systematic research." (D. Sackett, Rosenberg, Gray, Haynes & Richardson, 1996, p. 76), allerdings unter deutlicher Betonung der Forschungskomponente. Gemeint ist damit der Anspruch, die Anwendung jeglicher Methoden für praktische Fragestellungen durch quantitativ möglichst umfassende (z.b. Metaanalysen) und qualitativ (z.b. hinsichtlich Untersuchungsdesign und Aktualität) möglichst hochwertige empirische Belege zu begründen. Dies deckt sich mit Prinzipien, die in der Angewandten Psychologie unter dem Begriff „Scientist-Practitioner-Modell" entwickelt wurden.

Scientist-Practitioner-Modell. Das *Scientist-Practitioner-Modell* geht ursprünglich auf eine Konferenz im Jahr 1949 in Boulder, Colorado, zurück, bei der es um die Entwicklung eines Programms der Graduiertenausbildung in der Klinischen Psychologie ging. In der Folge wurde das Modell auf andere Bereiche der Angewandten Psychologie einschließlich der AO-Psychologie ausgedehnt und inhaltlich von einem Ausbildungsprogramm zu einer Richtlinie für das generelle Selbstverständnis professioneller Arbeit erweitert (z.b. Rupp & Beal, 2007). Im Kern geht es in diesem Modell um zweierlei. Erstens wird das *Verhältnis zwischen Wissenschaft und Praxis* für die Angewandte Psychologie als das eines wechselseitigen Austauschs definiert. Die Probleme, mit denen sich die Forschung beschäftigt, werden vorwiegend in der Praxis identifiziert. Insofern entfernt sich die Wissenschaft vom „reinen" Erkenntnisinteresse der Grundlagendisziplinen. Umgekehrt ist die Praxis aufgerufen, bei der Suche nach Lösungen im Sinne eines evidenzbasierten Ansatzes auf den bestmöglichen Kenntnisstand der Forschung zurückzugreifen („best practice"). Dieses Prinzip der Reziprozität ist ideologisch jedoch sehr weit gefasst zu verstehen und lässt z.B. die wissenschaftliche Beschäftigung mit angewandten Fragestellungen aus purem Erkenntnisinteresse durchaus zu (Rupp & Beal, 2007). Zweitens beschreibt das Modell auch ein *professionelles Rollenideal*. Der Scientist-Practitioner ist ein Praktiker, der wie ein Wissenschaftler vorgeht, indem er für die Lösung praktischer Probleme zunächst den wissenschaftlichen Kenntnisstand möglichst umfassend aufarbeitet und, sofern dieser für endgültige Entscheidungen nicht ausreicht, die Problemlösung wie ein Forschungsprojekt angeht, bei dem begründete Hypothesen aufgestellt und diese empirisch geprüft werden (z.B. Shapiro, 2002). In der Ausbildung wird deshalb generell auf die Vermittlung profunder Methodenkenntnisse auch dann besonderer Wert gelegt, wenn individuell ein praktisches Berufsfeld angestrebt wird. Shapiro (2002) nennt, mit Bezug aber nicht mit Beschränkung auf die Klinische Psychologie, folgende „Kernkompetenzen" des Scientist-Practitioner:

- Sach- und vereinbarungsgemäße Durchführung von Diagnostik und Interventionen
- Recherche und Integration wissenschaftlicher Befunde zur Entscheidungsfindung
- Hypothesen formulieren und prüfen
- Effektive Zusammenarbeit mit Vertretern anderer Professionen
- Forschungsbasierte Trainings und Unterstützung für andere Professionen
- Beiträge zu anwendungsbezogener Forschung zur Weiterentwicklung der Disziplin

Im vorliegenden Text und den darauf aufbauenden Vertiefungen wird den Prinzipien des Scientist-Practitioner-Modells und der Evidenzbasierung u.a. insofern Rechnung getragen als, im Rahmen des begrenzten Umfangs, die wesentlichen Aussagen nach Möglichkeit aktuell und breit empirisch belegt werden. Ferner lassen sich die später (Kap. 6) im Detail dargestellten Schritte im Forschungsprozess in abgewandelter Form auch auf praktische Maßnahmen der AO-Psychologie übertragen. Dabei entsprechen den idealtypischen Grobphasen der (1) Fragestellung und Hypothesenbildung, (2) Untersuchungsplanung und -durchführung sowie (3) Datenanalyse und Interpretation im Ablauf des Forschungsprozesses in Praxisprojekten die Phasen der *Diagnose* bzw. Analyse des Problems, der eigentlichen *Intervention* und der (summativen) *Evaluation*. Die Übergänge zwischen diesen Phasen sind nicht immer klar abgrenzbar und die Evaluation kann ihrerseits die diagnostische Grundlage für eine weitere Intervention bilden, die in einen zyklischen Prozess aus Analyse- und Eingriffsphasen mündet.

1.3 Berufsfelder, Organisationen und Informationsquellen für Arbeits- und Organisationspsychologen

Die Berufsfelder für AO-Psychologinnen können recht vielfältiger Natur sein. Der BDP nennt innerhalb der Arbeitswelt insbesondere die Bereiche Organisationsberatung und -entwicklung, Diagnostik und Begutachtung für die Personalauswahl sowie Coaching und Schulungen für Führungskräfte. Diese zweifellos unvollständige Aufzählung soll später noch erweitert werden (Kap. 3 bis 5), da sich die Tätigkeitsfelder stark mit den Themengebieten der einzelnen Teilbereiche der AO-Psychologie überschneiden. Ergänzt sei an dieser Stelle noch die Berufsberatung als das wichtigste Tätigkeitsfeld der Berufspsychologie. Über die Anteile der Berufsfelder und Institutionen, in denen AO-Psychologen in Deutschland tätig sind, liegen leider keine verlässlichen Zahlen vor, da die entsprechenden Statistiken (z.B. Bundesagentur für Arbeit, 2005) nicht nach psychologischen Anwendungsfeldern getrennt ausgewertet werden und wegen des hohen Anteils klinischer Psychologen für die AO-Psychologie nur wenig aussagekräftig sind. Eine Umfrage der amerikanischen Society for Industrial and Organizational Psychology (SIOP, 2006) unter ihren Mitgliedern ergab, dass etwa 44% an Hochschulen oder anderen Forschungseinrichtungen beschäftigt waren, ca. 26% bei privaten oder öffentlichen Organisationen und etwa 22% freiberuflich oder angestellt als Unternehmensberater. Aufgrund der Aufnahmebedingungen der SIOP (Vollmitgliedschaft erfordert u.a. Promotion) dürften dabei an Hochschulen Beschäftigte aber deutlich überproportional vertreten sein.

Fachverbände der AO-Psychologie. Eine Reihe von Berufsorganisationen und *Fachverbänden* bietet, natürlich neben informellen Netzwerken und Beziehungen, für AO-Psychologinnen die Möglichkeit zum fachlichen Austausch, stellt berufsbezogene Informationen zur Verfügung, erarbeitet Richtlinien und vertritt berufsständische Interessen gegenüber dem Gesetzgeber und anderen staatlichen Organisationen. In der Regel schließt die Mitgliedsgebühr den Bezug mindestens einer Mitgliederzeitschrift ein, in der entweder aktuelle berufsbezogene Informationen oder wissenschaftliche Originalarbeiten oder beides publiziert werden. Außerdem veranstalten die meisten Verbände regelmäßig Fachkongresse und bieten ihren Mitgliedern einen Rabatt auf die Teilnahmegebühr an. Die Verbände unterscheiden sich u.a. hinsichtlich ihrer Aufnahmebedingungen (meist besteht die Option einer studentischen Mitgliedschaft zu deutlich günstigeren Konditionen) und ihrer Zielgruppen. In Deutschland wendet sich die *Deutsche Gesellschaft für Psychologie* (DGPs) vorwiegend an Wissenschaftlerinnen im Hochschulbereich und anderen Forschungsinstitutionen, während überwiegend praktisch tätige Psychologen durch den *Berufsverband Deutscher Psychologinnen und Psychologen* (BDP) vertreten werden. Beide Verbände unterhalten Unterorganisationen für AO-Psychologen (in der DGPs die Fachgruppe AO-Psychologie, im BDP die Sektion Wirtschaftspsychologie, die auch die Markt- und Werbe-

1.3 Berufsfelder, Organisationen und Informationsquellen

psychologie vertritt). Eine Aufstellung wichtiger, auch internationaler Verbände der AO-Psychologie mit den zugehörigen Internetadressen findet sich in Tabelle 1.3.

Tabelle 1.3: Wichtige Fachverbände der Arbeits- und Organisationspsychologie

	Webadresse	Anmerkung
Deutschsprachiger Raum:		
Deutsche Gesellschaft für Psychologie (DGPs), Fachgruppe Arbeits- und Organisationspsychologie	http://www.aodgps.de/	vorwiegend akademisch; auch für AO-Psychologie in Österreich und der Schweiz (neben ÖGP und SGP)
Berufsverband Deutscher Psychologinnen und Psychologen (BDP), Sektion Wirtschaftspsychologie	http://www.wirtschaftspsychologie-bdp.de/	vorwiegend berufspraktisch
Schweizerische Gesellschaft für Arbeits- und Organisationspsychologie (SGAOP)	http://www.sgaop.ch/	sowohl akademisch als auch berufspraktisch
Berufsverband Österreichischer Psychologinnen und Psychologen (BÖP), Fachsektion AWO	http://www.boep.eu/AWO.230.0.html	vorwiegend berufspraktisch
Internationale Verbände:		
Society for Industrial and Organizational Psychology (SIOP)	http://www.siop.org/	sowohl akademisch als auch berufspraktisch; USA, jedoch international offen; größter und renommiertester AO-Fachverband weltweit
International Association for Applied Psychology (IAAP), besonders Division 1	http://www.iaapsy.org/division1/	vorwiegend akademisch; weltweit; älteste Organisation der Angewandten Psychologie überhaupt

Fortsetzung von Tabelle 1.3

European Association of Work and Organizational Psychology (EAWOP)	http://www.eawop.org/web/	sowohl akademisch als auch berufspraktisch
Academy of Management (AOM)	http://www.aomonline.org/	vorwiegend akademisch; USA, jedoch international offen; eigentlich BWL-Verband, aber in mehreren Divisions starker AO-Bezug
Human Factors and Ergonomics Society (HFES)	http://www.hfes.org/web/Default.aspx	sowohl akademisch als auch berufspraktisch; USA, jedoch international offen; interdisziplinär arbeitswissenschaftlicher Verband mit Bezug zur „Ingenieurspsychologie"

Fachkongresse der AO-Psychologie. Eine wichtige Gelegenheit zu fachlichem Austausch, zur Information über neueste Entwicklungen und Forschungsbefunde und nicht zuletzt zur Kontaktpflege besteht auf *Fachkongressen* und Tagungen. Die Szene der Praktikerkongresse ist unübersichtlich und hat teilweise eher den Charakter einer Verkaufsveranstaltung. Jedoch bietet auch der BDP mit dem Deutschen Psychologentag alle zwei Jahre eine praktisch orientierte Fachtagung mit wissenschaftlichen Vorträgen an. Ebenfalls alle zwei Jahre finden die stärker forschungsorientierten Tagungen der Fachgruppe AO-Psychologie im DGPs und der EAWOP statt. Die IAAP veranstaltet alle vier Jahre einen Weltkongress. Die wissenschaftlich größte Bedeutung haben jedoch die jährlichen Treffen der SIOP und, soweit für die AO-Psychologie relevant, der AOM. Daneben gibt es zahlreiche spezifische und regionale Tagungen, und AO-psychologische Beiträge finden sich auch auf den Großveranstaltungen allgemeiner Verbände wie DGPs oder der American Psychological Association (APA). Einen ständig aktualisierten Überblick bietet etwa der Tagungsplaner auf den Webseiten von Hogrefe (http://www.hogrefe.de/service/).

Wichtige Fachzeitschriften mit Bezug zur AO-Psychologie

- Academy of Management Journal
- Academy of Management Review
- Administrative Science Quarterly
- Applied Ergonomics
- Applied Psychology: An International Review
- European Journal of Work and Organizational Psychology
- Ergonomics
- Human Factors
- Human Performance
- Human Relations
- Human Resource Management Review
- Industrial and Organizational Psychology
- International Journal of Selection and Assessment
- Journal of Applied Psychology
- Journal of Business and Psychology
- Journal of Career Assessment
- Journal of Counseling Psychology
- Journal of Management
- Journal of Managerial Psychology
- Journal of Occupational and Organizational Psychology
- Journal of Occupational Health Psychology
- Journal of Organizational Behavior
- Journal of Personnel Psychology (früher Zeitschrift für Personalpsychologie)
- Journal of Vocational Behavior
- Leadership Quarterly
- Organizational Behavior and Human Decision Processes
- Organizational Research Methods
- Organization Science
- Personnel Psychology
- Work and Stress
- Zeitschrift für Arbeitswissenschaft
- Zeitschrift für Arbeits- und Organisationspsychologie

Fachzeitschriften der AO-Psychologie. Die wichtigste Informationsquelle für Forschungsergebnisse bieten jedoch *Fachzeitschriften*. Psychologische Fachzeitschriften unterscheiden sich erheblich in der Breite der dargestellten Themengebiete und in ihrem Renommee, wobei breiter nicht unbedingt gleichzeitig renommierter bedeuten muss. AO-psychologische Forschung erscheint eher selten in generellen (z.B. Psychological Bulletin) oder auf bestimmte Grundlagendisziplinen (z.B. Journal of Personality and Social Psychology) spezialisierten Zeitschriften, die anwendungsbezogene Beiträge nur ausnahmsweise publizieren. Die beiden renommiertesten Zeitschriften mit mehr oder weniger ausschließlich AO-psychologischem Inhalt sind das *Journal of Applied Psychology* und *Personnel Psychology*. Ein ähnlich hohes Ansehen erreichen jedoch auch einige Zeitschriften, die Beiträge mit AO-psychologischem Gehalt nur unter anderem publizieren (z.B. *Academy of Management Journal, Administrative Science Quarterly*); andere kommen diesem Standard recht nahe. Im nachfolgenden Kasten sind einige wichtige Fachzeitschriften alphabetisch aufgelistet, die zumindest das entscheidende Kriterium einer Fachpublikation erfüllen, nämlich die Auswahl der Beiträge nach einem anonymen Begutachtungsverfahren. Mittlerweile ist die *Zeitschrift für Arbeits- und Organisationspsychologie* im Grunde das letzte deutschsprachige Organ des Fachs (neben einigen interdisziplinär oder breiter orientierten Zeitschriften), das dieses Kriterium uneingeschränkt erfüllt.

Neben den genannten publizieren jedoch auch zahlreiche andere Fachzeitschriften zumindest sporadisch einschlägige Forschung, weshalb sich für die Literaturrecherche zu einem bestimmten Thema die Nutzung einschlägiger elektronischer Datenbanken (insbes. *PsycINFO* und *PSYNDEX*) unbedingt empfiehlt. Daneben existieren zahlreiche Nachschlagewerke und Monografien in Buchform, in denen Themen der AO-Psychologie z.B. in Form theoretischer und empirischer Überblicksarbeiten aufgearbeitet werden (z.B. die nachfolgenden Literaturempfehlungen).

Weiterführende Literaturempfehlungen

Anderson, N., Ones, D. S., Sinangil, H. K., & Viswesvaran. C. (Eds.) (2001), *Handbook of industrial, work, and organizational psychology* (Vol. 1 and 2). London: Sage.

Birbaumer, N., Frey, D., Kuhl, J., Schneider, W. & Schwarzer, R. (Hrsg.). *Enzyklopädie der Psychologie. Themenbereich D: Praxisgebiete. Serie III: Wirtschafts-, Organisations- und Arbeitspsychologie*. Göttingen: Hogrefe. (insbes. die Bände 1(2010), 2 (2006), 3 (2004) und 4 (2004))

2 Geschichte und Zukunft der Arbeits- und Organisationspsychologie

Hieraus entsteht eine Streitfrage, ob es besser sei, geliebt oder gefürchtet zu werden? Die Antwort lautet, man soll nach beidem trachten; da aber beides schwer zu vereinen ist, so ist es weit sicherer, gefürchtet als geliebt zu werden, sobald nur eins von beiden möglich ist. [...] Ein kluger Herrscher kann und soll ... sein Wort nicht halten, wenn ihm dies zum Schaden gereicht und die Gründe, aus denen er es gab, hinfällig geworden sind. Wären alle Menschen gut, so wäre dieser Rat nichts wert; da sie aber nicht viel taugen und ihr Wort gegen dich brechen, so brauchst du es ihnen auch nicht zu halten. [...] Ein Fürst braucht also nicht alle ... Tugenden zu besitzen, muß aber im Rufe davon stehen. Ja, ich wage zu sagen, daß es sehr schädlich ist, sie zu besitzen und sie stets zu beachten; aber fromm, treu, menschlich, gottesfürchtig und ehrlich zu scheinen ist nützlich.

Aus Niccolò Machiavelli, *Der Fürst* (1513-1514)

Nicht nur waren viele Probleme der AO-Psychologie schon immer bedeutsam für die Menschheit, es gab auch schon lange vor Entwicklung des Fachs theoretische und praktische Ansätze zu deren Lösung. Die eingangs (recht einseitig) ausgewählten Zitate aus Machiavellis berühmter Schrift „Der Fürst" beschäftigen sich z.b. mit zwei klassischen Untersuchungsgegenständen der Organisationspsychologie, dem Bild vom Menschen und den daraus erwachsenden Implikationen für Organisation und Führungsstil. Machiavellis pessimistische Vorstellung von erfolgreicher Führung lässt sich übrigens mit organisationspsychologischen Befunden, denen man eine ähnliche Verbreitung in politischen und ökonomischen Führungskreisen wünschen möchte wie den Lehren Machiavellis, zumindest teilweise widerlegen (vgl. Kap. 5). Auch in anderen Teilbereichen der AO-Psychologie gibt es Beispiele früher Praktiken von erstaunlicher Aktualität. So hat sich z.B. in China bereits im frühen Mittelalter ein meritokratisches (auf individueller Leistung statt Erbadel basierendes) Beamtensystem herausgebildet, dessen Grundlage

Examina waren, die deutliche Parallelen zu modernen Assessment-Center-Verfahren aufweisen (vgl. Kap. 4). Die Entwicklung der AO-Psychologie bzw. ihrer Teilgebiete als eigenständige Teildisziplin(en) der Psychologie erstreckt sich aber im Wesentlichen auf etwa die letzten 100 Jahre. Die folgenden Abschnitte geben eine kurze Einführung in diese Geschichte, in der jedoch nur einige Meilensteine aufgearbeitet werden können. Die Gliederung erfolgt chronologisch in die Zeit bis zum Ende jeweils des Ersten und des Zweiten Weltkriegs und die Nachkriegszeit. Greif (2004) unterteilt dagegen in die Perioden der Pionierzeit (bis zum Ersten Weltkrieg), die lange Phase der Expansion (bis etwa 1970) und die bis in die Gegenwart reichende Periode der Stabilisierung und Professionalisierung. Andere Autoren wählten ein Schema, in dem die Fachgeschichte als Entwicklung von Menschenbildern beschrieben wird (z.b. Ulich, 2005) oder stärker differenzierte chronologische Perioden von inhaltlichen Aspekten überlagert werden (z.B. Katzell & Austin, 1992; Lück, 2004). Das Kapitel schließt mit einem Ausblick auf die (mögliche) Zukunft des Fachs.

2.1 Entwicklungen bis zum 1. Weltkrieg

In nordamerikanischen Darstellungen wird der Beginn der wissenschaftlichen AO-Psychologie oft recht präzise auf das Jahr 1901 datiert (z.B. Katzell & Austin, 1992), als Walter Dill Scott einen Vortrag in Chicago hielt, aus dem später auch ein Buch hervorging. An dieser Datierung sind allerdings Zweifel angebracht, zumal es in Scotts Vortrag und Buch um die Anwendung der Psychologie auf die Werbung ging und es noch ältere Beispiele angewandter psychologischer Forschung gibt. Lück (2004) nennt aus dem späten 19. Jahrhundert z.B. Anwendungen der Psychophysik auf arbeitspsychologische Fragestellungen wie Ermüdung und Belastung, etwa in Italien durch Patrizi oder Mosso, in Deutschland durch Emil Kraepelin. Kraepelin war, wie auch Scott und etliche andere Pioniere der Angewandten Psychologie (s.u.) ein Schüler Wilhelm Wundts in Leipzig, des Nestors der akademischen Psychologie in Deutschland. Wundt selbst stand der praktischen Anwendung der Psychologie allerdings eher abwartend bis skeptisch gegenüber (Lück, 2004).

2.1 Entwicklungen bis zum 1. Weltkrieg

Einige andere einflussreiche Ahnen der AO-Psychologie waren gar keine Psychologen. Der Beitrag des Ingenieurs Frederick Taylor verdient dabei eine etwas genauere Beschäftigung (s. Bsp. 2.1). Die arbeitswissenschaftliche Analyse von Tätigkeiten mittels minutiöser Zeit- und Bewegungsstudien, die oft mit dem Namen Taylors verbunden wird, geht in ihrer systematischen Form eher auf dessen Kollegen Frank Gilbreth zurück. Gilbreths humanere und stärker psychologische Ausrichtung der Arbeitswissenschaften wurde u.a. von seiner Frau Lilian Gilbreth und deren deutscher Kollegin Irene Witte, beides Psychologinnen, fortgesetzt und weiterentwickelt.

Beispiel 2.1: Frederick Winslow Taylors
„Wissenschaftliche Betriebsführung"

Taylors in seinem 1911 erschienenen Hauptwerk *Principles of Scientific Management* dargestellte Lehre ist vor dem Hintergrund der technologieoptimistischen Grundstimmung seiner Zeit zu verstehen und blickt auf eine bis heute ausgesprochen lebhafte Rezeptions- und Wirkungsgeschichte zurück (vgl. z.B. Greif, 2004; Lück, 2004, Ulich, 2005). Grundlage seiner praktischen Vorschläge bildeten systematische Beobachtungsstudien bei Arbeitern, die man durchaus als Vorläufer moderner Arbeitsanalyseverfahren ansehen kann. Taylor wollte damit das Wissen erstklassiger Arbeiter dem Management zugänglich machen, um anschließend durch eine ingenieursmäßige Optimierung der Arbeitsmittel und eine meist sehr kleinteilige (Hand-)Arbeitsteilung Leistungsgewinne zu erzielen. Taylor betonte jedoch, dass es ihm nicht um die kurzfristige Maximalleistung ging, sondern um ein langfristig angemessenes Arbeitspensum, dass sich ohne Beeinträchtigung der Gesundheit der Arbeiter erzielen lässt. Dieses Optimum wollte er durch systematische Variation herausfinden.

Ein von ihm selbst (Taylor, 1911) zitiertes Beispiel ist die „Wissenschaft des Schaufelns". Durch stufenweise Reduktion der Last beim Kohleschaufeln in einem Stahlwerk fand er heraus, dass die optimale Last bei 20,5 Pfund je Ladung lag. Sowohl höhere als auch geringere Schaufellasten führten zu einer Reduktion der in einem bestimmten Zeitraum bewegten Menge Kohle. Taylor entwickelte eine Schaufel, die maximal 21

Pfund trug, brachte Arbeitern deren Gebrauch bei und steigerte nach seinen Angaben (unter anderem) dadurch die mittlere tägliche Schaufelleistung je Arbeiter von 16 auf 59 Tonnen.

Dieses Beispiel illustriert Taylors Vorstellung von der *einen* optimalen Lösung für arbeitswissenschaftliche Probleme („one best way"). Neben der Beschränkung der Industriearbeit auf wenige Handgriffe unter weitgehender Monopolisierung des Denkens durch das Management (Prinzip der Trennung von Hand- und Kopfarbeit) kennzeichnet Taylors Menschenbild auch, dass er glaubte, einfache Arbeiter ausschließlich durch monetäre Anreize motivieren zu können (Prinzip des Pensumlohns). Gleichzeitig glaubte er aber auch, mit seinen Prinzipien einen Beitrag zum sozialen Ausgleich und gegen die Ausbeutung der Arbeiter zu leisten (Prinzip der Versöhnung zwischen Arbeitern und Management). Schließlich schlug er auch vor, die am besten geeigneten Arbeiter für eine Aufgabe zunächst durch Tests zu selektieren und anschließend zu schulen (Prinzip der Auslese und Anpassung). Während man Taylor also einerseits durchaus als Pionier einer Reihe moderner AO-psychologischer Maßnahmen wie Arbeitsanalyse, Ergonomie, Eignungsdiagnostik und Training betrachten kann, wurden sein holzschnittartiges, unpsychologisches Menschenbild, die naiv-mechanistische Betrachtung von Arbeitsvorgängen, die extreme Partialisierung der Arbeit und die vermutlich übertriebene Darstellung der Effizienzgewinne schon früh Gegenstand von Kritik, die noch heute das Bild vom „Taylorismus" prägt (vgl. Lück, 2004, Ulich, 2005).

Während Taylors Managementlehre als eine „Wissenschaft ohne Theorie" (Walgenbach, 2004, S. 626) bezeichnet wurde, gilt als Begründer der eigentlichen Organisationstheorie der Soziologe Max Weber. Nach Weber führt der historisch fortschreitende Prozess schließlich zum Idealtypus der bürokratischen Organisation, in der Aufgaben streng arbeitsteilig, reglementiert und hierarchisch organisiert erledigt werden, aber auch Aufstiegschancen und Macht allein nach fachlicher Qualifikation verteilt werden. Neben dieser rational legitimierten Macht kennt Weber aber auch u.a. den Typus der auf „außeralltäglicher" Führungsbegabung basierenden charismatischen Herrschaft. Webers (erst 1922 postum erschienene) *Bürokratietheorie* liefert, bei aller aus heutiger Sicht anachronistisch anmutenden Starrheit, eine theore-

2.1 Entwicklungen bis zum 1. Weltkrieg

tische Begründung für die auch dem Taylorismus zugrunde liegende Vorstellung einer Organisation als reibungslos funktionierende Maschine.

Einen frühen programmatischen Durchbruch genuin psychologischer Natur stellte ein Aufsatz von William Stern aus dem Jahr 1903 (vgl. Lück, 2004) dar, in dem er den Begriff *Psychotechnik* prägte, womit er in Unterscheidung von der analytisch-verstehenden Psychognostik alle praktischen psychologischen Interventionen meinte. Für lange Zeit wurde Psychotechnik in Europa (nicht jedoch in den USA) als Sammelbegriff für die Felder der Angewandten Psychologie verwendet. Die spätere Einschränkung der Bedeutung auf die sog. Industrielle Psychotechnik (weitgehend synonym zur AO-Psychologie) und deren weitere inhaltliche Aufgliederung stammt nicht von Stern und entstand erst in der Zeit zwischen den Weltkriegen (s.u. Abschnitt 2.2). Gemeinsam mit Otto Lipmann begründete Stern auch ein Institut und die weltweit erste Fachzeitschrift für Angewandte Psychologie.

Neben frühen physiologischen Untersuchungen zur Arbeitspsychologie liegen die Ursprünge wissenschaftlich fundierter AO-Psychologie inhaltlich insbesondere in der Berufseignungsdiagnostik. Bahnbrechend waren hier die Arbeiten von Hugo Münsterberg, eines weiteren Wundt-Schülers (s.u. Bsp. 2.2). Insgesamt hatte der Erste Weltkrieg einen Katalysatoreffekt auf die Entwicklung des Fachs (Katzell & Austin, 1992), dessen wohl prominenteste Errungenschaft in dieser Zeit die Konstruktion zweier Tests in den USA war. Unter der Leitung von Robert Yerkes entstanden mit dem *Army Alpha* und *Army Beta Test* (letzterer für Leseunkundige) in kürzester Zeit die ersten voll standardisierten Intelligenztests mit Mehrfachwahlaufgaben, die sich als Massentests zur Auswahl der ungeheuer großen Zahl von Rekruten einsetzen ließen, die nach dem Kriegseintritt der USA benötigt wurden. In direkter und teils heftig ausgetragener Konkurrenz zur Yerkes-Gruppe entwickelten der schon erwähnte W.D. Scott und Walter Bingham u.a. frühe biographische Fragebogen sowie erste systematische Verfahren zur Anforderungsanalyse und Leistungsbeurteilung. In diese Zeit fielen außerdem die Entwicklung früher Persönlichkeits- und Berufsinteressentests für Auswahl- und Platzierungszwecke in den USA durch u.a. Strong und Woodworth (Katzell & Austin, 1992).

Beispiel 2.2: Hugo Münsterberg und die Psychotechnik

Nach seinem Studium in Leipzig und einer Lehrtätigkeit in Freiburg wurde Münsterberg von William James, der praktischen Anwendungen der Psychologie offener gegenüberstand als sein deutscher Widerpart Wundt, nach Harvard berufen. Münsterberg wurde Gründungsmitglied und später Präsident der APA, kehrte jedoch 1910/11 noch einmal als Gastwissenschaftler in Berlin nach Deutschland zurück, wo er u.a. die weltweit erste Vorlesung zum Thema Wirtschaftspsychologie hielt. Von seinen zahlreichen Werken sind für die AO-Psychologie insbesondere das 1912 erschienene Buch *Psychologie und Wirtschaftsleben* sowie die 1914 publizierten *Grundzüge der Psychotechnik* bedeutsam.

Bereits 1910 führte Münsterberg in den USA grundlegende praktische Arbeiten zur Berufseignungsdiagnostik durch, indem er Auswahlverfahren für Telefonistinnen und Straßenbahnfahrer konstruierte. Praktischer Anlass für Letzteres war die hohe Zahl von Unfällen mit elektrischen Straßenbahnen, die Münsterberg auf die unergonomische Gestaltung der Bedienelemente (wozu er ebenfalls Vorschläge machte) und die Auswahl ungeeigneter Personen zurückführte. Eines der von Münsterberg entwickelten Auswahlverfahren simulierte die Tätigkeit, indem auf einer Karte ein stilisiertes Gleis zusammen mit einer großen Zahl schwarzer und roter Ziffern in unterschiedlichen Abständen aufgezeichnet war. Die roten Ziffern standen für Verkehrsteilnehmer, die sich in unterschiedlichen Geschwindigkeiten auf das Gleis zu bewegten. Die Aufgabe der Teilnehmer war es, die Stelle der kritischen Gleisübertritte möglichst schnell und fehlerfrei herauszufinden.. Nach Münsterbergs Angaben trennte der Test gut zwischen zwei Gruppen von Teilnehmern, die entweder zu den „allerbesten" Fahrern gehörten oder im Gegenteil kurz vor der Entlassung standen, und ist damit ein frühes Beispiel für ein empirisch validiertes simulationsorientiertes Auswahlverfahren (vgl. Kap. 4).

Münsterberg verkörpert wie kaum ein anderer (vielleicht mit Ausnahme Kurt Lewins) die amerikanischen und deutschen Traditionen der wissenschaftlichen Psychologie in einer Person, stand aber mit seiner pragmatischen Haltung seinem Förderer James im Grunde näher als seinem Lehrer Wundt. Bezüglich der Frage nach möglichen Widersprüchen zwischen Effizienz- und Humanisierungszielen, die er im Gegensatz zu Taylor durchaus differenziert problematisierte (vgl. Ulich, 2005), sprach sich Münsterberg für eine „wertfreie" Haltung der Psychologie aus. Obwohl er u.a. deshalb schon zu Lebzeiten kritisiert wurde (vgl. Lück, 2004), gilt Hugo Münsterberg heute AO-Psychologen – und nicht nur denen – auf beiden Seiten des Atlantiks als der eigentliche Begründer des Fachs.

2.2 Expansion und Veränderung bis zum 2. Weltkrieg

Die Erfolge der Psychotechnik in Europa und der „industrial psychology" in den USA führten nach dem Ersten Weltkrieg zu einem Boom wirtschaftlicher Anwendungen und der Einrichtung zahlreicher staatlicher und privater Labore. Von der akademischen Psychologie wurde dieser Enthusiasmus jedoch keineswegs einhellig geteilt, wobei der Widerstand überraschenderweise in den USA besonders hartnäckig war. Es sollte noch bis zum Jahr 1946 dauern, bis die APA der Einrichtung einer eigenen Sektion für Wirtschaftspsychologie zustimmte, während sich in Genf bereits 1920 mit der *Association International de Psychotechnique* (heute IAAP, s. Abschnitt 1.3) der erste internationale Fachverband gründete.

In Deutschland erlebte in den 1920ern der Begriff Psychotechnik eine inhaltliche Verschiebung und Ausdifferenzierung. Die Einengung der Bedeutung auf psychologische Anwendungen in der Arbeitswelt war wohl eher eine Folge der Ausbreitung in diesem Bereich (vgl. Greif, 2004; Lück, 2004). Walther Moede (1930), noch ein Schüler Wundts, prägte dafür den Begriff *Industrielle Psychotechnik*, die sich inhaltlich weitgehend mit der industrial psychology deckt. Noch immer war Psychotechnik in der Praxis aber vor allem apparativ gestützte Personalauswahl. Giese (1927, nach Ulich, 2005) fasste diesen Bereich mit Berufsberatung, Training und Führung unter dem Begriff *Subjektpsychotechnik* zusammen und verstand darunter die Anpassung des Menschen an die Arbeitsbedingungen. Dem setzte er die Forderung entgegen, dass die Psychologie vor allem der Anpassung der Bedingungen an den Menschen dienen solle, wofür er den Begriff *Objektpsychotechnik* prägte. Damit war die inhaltliche Unterscheidung zwischen den heutigen Feldern der Personal- und Arbeitspsychologie im Wesentlichen abgesteckt.

Der Siegeszug der Psychotechnik war aus unterschiedlichen Gründen von kurzer Dauer. Lück (2004) nennt als Gründe für den Niedergang das Zusammentreffen u.a. der Weltwirtschaftskrise, der geisteswissenschaftlichen Strömung in der Psychologie Eduard Sprangers, die in direktem Widerspruch zur anwendungsorientierten Technologisierung stand, der Lagerbildung innerhalb der Psychotechniker zwischen der eher akademisch orientierten Gruppe um Stern und dem extrem pragmatischen Moede sowie von scheinbar enttäuschenden Befunden zur Güte der Vorhersagen der eingesetzten diagnostischen Verfahren (zu methodisch begründeten Zweifeln an diesen Befunden s. Greif 2004). Ein Übriges tat die Machtergreifung durch die Nationalsozialisten, da viele prominente deutsche Fachvertreter (u.a. Stern, Lipmann, Lewin) Juden waren und von den Nazis in die Emigration gezwungen oder (wie Lipmann) in den Tod getrieben wurden. Andere Psychotechniker (darunter Moede) beeilten sich dagegen, sich den neuen Machthabern anzubiedern (Sonntag, 1990). Von dem intellektuellen Aderlass hat sich die deutschsprachige AO-Psychologie bis heute nicht erholt, obwohl die Psychologie materiell im Dritten Reich sogar einen Aufschwung erfuhr (Lück, 2009).

Auch in den USA betrafen die Weiterentwicklungen der 1920er vor allem die klassischen Felder der Personalpsychologie wie Auswahl, Beurteilung und Training (Katzell & Austin, 1992). Auch die u.a. in Deutschland fortgesetzten arbeitspsychologischen Untersuchungen zu Themen wie Pausengestaltung oder Ermüdung (vgl. dazu Ulich, 2005) betrafen vor allem den Arbeiter als Individuum. Der soziale Kontext, im Sinne der modernen Organisationspsychologie, war ein von Psychotechnikern aller Länder lange vernachlässigtes Thema. Dabei hatte es durchaus frühe Vorläufer gegeben (vgl. u.a. Lück, 2004). Leistungsrelevante soziale Einflüsse in Gruppen (Ringelmann-Effekt, Köhler-Effekt, social facilitation) waren bereits in frühesten sozialpsychologischen Experimenten untersucht worden bzw. wurden in den 1920er Jahren bekannt. Münsterberg (1912, 1914) widmete einzelne Abschnitte seiner wirtschaftspsychologischen Hauptwerke sozialen Einflüssen in Gruppen und prägte dafür den Begriff *Soziale Psychotechnik*. Lang und Hellpach entwickelten in einer 1922 erschienenen Schrift (nach Ulich, 2005) ein frühes Konzept der selbstbestimmten Gruppenfabrikation.

2.2 Expansion und Veränderung bis zum 2. Weltkrieg

Als eigentlicher Ursprung einer sozialpsychologisch orientierten Organisationspsychologie gelten jedoch vor allem die Arbeiten von zwei Forschergruppen. In Beispiel 2.3 dargestellt sind die *Hawthorne-Studien* der Gruppe um den Australier Elton Mayo. Zu vielschichtig für die umfassende Darstellung im Rahmen dieser kurzen Einführung sind die bedeutenden und teils immer noch aktuellen Beiträge von Kurt Lewin (vgl. zu Lewin ausführlich Lück, 2001). Lewin war, wie die Berliner Gestaltpsychologen und übrigens auch der Schriftsteller und Psychologe Robert Musil[1], ein Schüler von Carl Stumpf. Bereits in den 1920er Jahren setzte Lewin sich kritisch mit dem Taylorismus auseinander und untersuchte arbeitspsychologische Fragestellungen (vgl. Ulich, 2005). Seine überragende Bedeutung für die Organisationspsychologie geht aber vor allem auf seine Tätigkeit als Wissenschaftler und Berater nach seiner Emigration in die USA 1933 zurück. Zu seinen bahnbrechenden Beiträgen in diesem Bereich, die hier nur aufgezählt werden können (s.a. Kap. 5), zählen das Programm der *Aktionsforschung*, die Entwicklung von Selbstverständnis und Vorgehensweise bei der *Organisationsentwicklung* (OE) sowie von konkreten OE-Methoden wie *gruppendynamischen Trainings* oder *Survey Feedback*, die experimentelle Untersuchung von Erziehungs- bzw. *Führungsstilen* und die Gründung des *Research Center on Group Dynamics*.

Beispiel 2.3: Elton Mayo und die Hawthorne-Studien

Im Jahr 1924 begann man in den Chicagoer Hawthorne-Werken der Western Electric Company Experimente zum Einfluss der Beleuchtungsstärke im Gruppenakkord bezahlter Arbeitsgruppen auf die Leistung und andere Kriterien durchzuführen (s. zum Folgenden ausführlich Lück, 2004). 1927, nachdem eine Flut von Daten keine eindeutigen Befunde gezeigt hatte, wurde u.a. Elton Mayo, Professor für Industrial Research an der Harvard Business School, gebeten, die Daten auszuwerten und die Versuche fortzuführen. Eine der besonders intensiv untersuchten Ein-

---

[1] Musils bekannteste belletristische Werke sind die frühe Erzählung *Die Verwirrungen des Zöglings Törleß* und sein unvollendetes Spätwerk *Der Mann ohne Eigenschaften*. Weniger berühmt wurde seine 1922 erschienene AO-psychologische Schrift *Psychotechnik und ihre Anwendungsmöglichkeiten im Bundesheere*, die allerdings nicht ganz den gleichen literarischen Rang erreicht.

> heiten war eine eigens zusammengestellte Gruppe von Arbeiterinnen, die unter ständiger Beobachtung Telefonrelais zusammensetzte. Hier wurden außer der Beleuchtung auch andere Arbeitsbedingungen variiert, diese Variationen wieder zurückgenommen und die Befunde untereinander und mit sorgfältig zusammengestellten Kontrollgruppen verglichen.
>
> Zentrales Ergebnis war, dass sich Leistungssteigerungen fast unabhängig von der experimentellen Variation einzustellen schienen, auch nach Rücknahme der verbesserten Arbeitsbedingungen. Mayo interpretierte diesen Befund als Beleg für den im Vergleich zu physischen Bedingungen überragenden Einfluss sozialer Faktoren.
>
> Diese einseitige Interpretation brachte ihm den Vorwurf der Naivität ein, wenn nicht gar der bewussten Manipulation schon bei der Durchführung der Versuche (vgl. Greif, 2004; diese Darstellung ist nach Lück, 2004, allerdings auch wieder überzogen). Eine alternative Interpretation der Befunde lautet z.b., dass sich die Leistungssteigerungen allein dadurch erklären ließen, dass es den Teilnehmerinnen bewusst war, dass sie unter besonderer Beobachtung standen. Dieser Methodenartefakt ist unter dem Begriff *Hawthorne-Effekt* (der allerdings auch für Mayos Interpretation verwendet wird) auf durch eine experimentelle Situation verursachte Verhaltensänderungen verallgemeinert worden. Unabhängig von der Kritik markieren die Hawthorne-Studien einen Wendepunkt in der AO-Psychologie, die den Fokus von interindividuellen Differenzen und äußeren Bedingungen hin zu sozialen Beziehungen bei der Arbeit verschob und die spätere *Human Relations Bewegung* (s. Abschn. 2.3) stark beeinflusst hat.

Einen sozialen Aspekt, der über direkte Arbeitsbeziehungen und den Rahmen einer Organisation hinausreicht, berührte eine andere bahnbrechende Studie, die zur Zeit der Weltwirtschaftskrise in der österreichischen Kleinstadt *Marienthal* durchgeführt wurde (Bsp. 2.4). In die Zeit vor dem Zweiten Weltkrieg fällt in den USA auch ein verstärktes Interesse an der Erklärung und Messung der Arbeitszufriedenheit sowie die Entwicklung einer umfassenden Berufsklassifikation im *Dictionary of Occupational Titles* (Katzell & Austin, 1992). Im Krieg ging allerdings das Interesse der AO-Forschung an sozialen und humanistischen Aspekten vorübergehend wieder zurück zugunsten der Beschäftigung mit Auswahlverfahren und Mensch-

Maschine-Systemen, vorrangig im militärischen Kontext (Lück, 2004; hier liegen auch die Ursprünge einer eigenständigen Ingenieurpsychologie, Zimolong, 2006).

> *Beispiel 2.4:* Marie Jahoda und die Arbeitslosen von Marienthal
>
> Anfang 1930 hatte in der Ortschaft Marienthal bei Wien mit der lokalen Textilfabrik der einzige größere Arbeitgeber geschlossen, was im Ort zu einer Arbeitslosenrate von ca. 80% führte. 1931 bis 1932 untersuchte eine interdisziplinär besetzte Forschergruppe der Österreichischen Wirtschaftspsychologischen Forschungsstelle unter Leitung von Paul Lazarsfeld die sozialen, psychologischen und medizinischen Langzeitwirkungen dieser Situation. Federführend beim Verfassen des Ergebnisberichts (Jahoda, Lazarsfeld & Zeisel, 1933/1975) war Lazarsfelds damalige Frau Marie Jahoda, die wie ihr Mann bei Charlotte und Karl Bühler gearbeitet hatte. Die meisten beteiligten Forscher emigrierten nach dem Anschluss Österreichs ans Dritte Reich in die USA.
>
> Die Marienthal-Studie ist in mehrfacher Hinsicht ein Meilenstein für die Entwicklung der AO-Psychologie und ihrer Nachbardisziplinen (insbesondere der Industriesoziologie). Bemerkenswert ist etwa die (von den Autorinnen selbst kritisch gesehene) Methodenvielfalt bei der Datenerhebung, die von Dokumentenanalysen und anderen non-reaktiven Verfahren über mündliche und schriftliche Befragung, teilnehmende Beobachtung bis hin zu einer Art feldexperimentellen Untersuchung der Wirkung eigener Interventionen („Aktionsforschung", wobei der Begriff nicht ganz identisch mit dem gleichnamigen Programm Lewins zu verstehen ist) reichte. Inhaltlich ragt vor allem die Erkenntnis der sozialen Bedeutung der Arbeit heraus. Langanhaltende Arbeitslosigkeit führte insgesamt zu einem Verlust der Zeitstruktur, zu psychosomatischen Beschwerden und, trotz der frei verfügbaren Zeit, zu einer Abnahme sozialer Kontakte. Dabei fanden sich aber auch interindividuelle Differenzen: Etwa ein Viertel der Arbeitslosen rechneten Jahoda et al. der Gruppe der „Ungebrochenen" zu, die u.a. weiter aktiv Arbeit suchten, während die große Mehrheit der „Resignierten" diese Hoffnung aufgegeben hatte. Wirklich dramatische Probleme im psychischen und Verhaltensbereich bis hin zur

> völligen Verwahrlosung zeigten jedoch vor allem die kleinen Gruppen der „Verzweifelten" und „Apathischen".
> Umfangreiche Materialsammlungen zur Marienthalstudie finden sich auf Webseiten der Universitäten Graz (http://agso.uni-graz.at/marienthal/) und Hannover (http://www.sozpsy.uni-hannover.de/marienthal/).

2.3 Entwicklungslinien nach dem 2. Weltkrieg

Nach dem Krieg entstand das Fach AO-Psychologie in seiner heutigen Form. Die einzelnen Entwicklungen sind so vielschichtig und oft noch so unmittelbar relevant für den gegenwärtigen Stand (s. dazu Kap. 3 bis 5), dass sie in dieser historischen Einführung lediglich kursorisch angesprochen werden können. Einige Meilensteine aus der jüngeren Entwicklung des Fachs sind am Ende dieses Abschnitts in einer Zeittafel tabellarisch gelistet.

Obwohl sich der Begriff Organisationspsychologie erst in den 1960er Jahren etablierte, fielen in die Nachkriegszeit und die 1950er Jahre sehr wesentliche Beiträge zur Entstehung dieser Teildisziplin an der Schnittstelle zu motivations- und sozialpsychologischen Teilgebieten der grundlagenorientierten Psychologie, der Schwesterdisziplin Arbeitspsychologie sowie der Nachbarwissenschaft der betriebswirtschaftlichen Organisationslehre. Diese Entwicklung erfolgte an mehreren Fronten in kurzer Folge bzw. teilweise zeitgleich. In den USA emanzipierte sich z.B. in Michigan und Ohio die Führungsforschung vom personzentrierten Ansatz und richtete ihre Aufmerksamkeit auf das Verhalten von Führungskräften. In der Tradition Lewins entstanden gruppendynamische Konzepte zur Team- und Organisationsentwicklung, und es wurden die Grundlagen der Macht in Organisationen untersucht. Diese und andere Entwicklungen im Anschluss an die Hawthorne-Studien werden heute unter dem recht heterogen verwendeten Begriff *Human-Relations-Bewegung* zusammengefasst, deren gemeinsames Element die Betonung eines Bilds vom Menschen als soziales Wesen und folgerichtig die Konzentration auf soziale Beziehungen bei der Arbeit ist. (s.a. die Beiträge des *Tavistock Institute of Human Relations* in Bsp. 2.5).

2.3 Entwicklungslinien nach dem Zweiten Weltkrieg

Beispiel 2.5: Das Tavistock-Institut und die Bergbau-Studien

Das 1947 als Ausgründung der älteren Tavistock Clinic gegründete Institut beruft sich zwar auch auf Lewin, geht aber eigentlich auf eine klinisch-psychoanalytische Tradition zurück, die im Zweiten Weltkrieg auf soziologische und anthropologische Grundlagen erweitert wurde (Trist & Murray, 1990). Das Institut fühlt sich der Lewinschen Aktionsforschung verpflichtet und entfaltete und entfaltet bis heute zahlreiche Aktivitäten an der Schnittstelle von Beratung und Forschung. Für die Entwicklung der AO-Psychologie besonders bedeutsam waren Studien im englischen Kohlebergbau durch Eric Trist und Kollegen um das Jahr 1950 (vgl. Ulich, 2005).

Nach der Umstellung des Kohleabbaus durch weitgehend autonome Arbeitsgruppen auf ein teilmechanisiertes System mit einem hohen Ausmaß an Arbeitsteilung und wenig Möglichkeiten zur Kommunikation war es zu unerwarteten Leistungsrückgängen und hohen Fehlzeiten, Unfall- und Fluktuationsraten gekommen. Die Untersuchungen zeigten, dass im alten System die soziale Selbstregulation der Gruppen dazu geführt hatte, dass sich wechselseitiges Vertrauen und ein individuelles Gefühl der Verantwortlichkeit entwickelte und niemand den eigenen Lohn auf Kosten der Sicherheit oder einer anderen Schicht kurzfristig zu maximieren versuchte. Diese Vorzüge waren durch die Zerschlagung sozialer Bindungen im mechanisierten System verloren gegangen. In einer Vergleichsgruppe, in der möglichst viele Elemente des alten Systems erhalten wurden, lagen die Produktivität um 25% höher und die Abwesenheitsraten um fast 60% niedriger. Ähnliche Befunde zeigten sich einige Jahre später auch in der indischen Textilindustrie. In beiden Fällen zeigten sich jedoch das Management und auch die Gewerkschaften an dem eindeutigen Ergebnis der Überlegenheit autonomer Gruppen wenig interessiert, da sie sich von dem partialisierten System größere Kontrolle versprachen und nicht bereit waren, Macht abzugeben.

Diese frühen Studien des Tavistock-Instituts bildeten die Grundlage für die Entwicklung des *soziotechnischen Systemansatzes* der Arbeitspsychologie, in dem die enge Verzahnung zwischen Technologie bzw. technischem Teilsystem einerseits und den individuellen und sozialen Bedürfnissen der Mitarbeiter (dem sozialen Teilsystem) andererseits betont wird (vgl. Ulich, 2005). Diese Theorie bildet die Grundlage u.a. für die Implementierung teilautonomer Arbeitsgruppen bei Volvo (s. Bsp. 3.1 unten).

Zeittafel ausgewählter Meilensteine der Entwicklung der AO-Psychologie

Historische Vorläufer

ca. 600	Systematisierung des Prüfungssystems der Beamtenauswahl in China
1514	Machiavelli stellt in „Der Fürst" Grundsätze der Führung auf (I)
18. Jh.	Britischer Utilitarismus (u.a. Locke, A. Smith) formuliert Prinzipien rationaler Entscheidung und Arbeitsteilung (UK)

Pionierzeit der AO-Psychologie

Ca. 1885	Entdeckung von Leistungseinbußen in Gruppen beim Tauziehen durch Ringelmann (F)
1889	Patrizi gründet arbeitspsychologisches Labor (I)
1903	Stern prägt den Begriff Psychotechnik (D)
1910	Eignungsdiagnostische Untersuchungen und wirtschaftspsychologische Vorlesung durch Münsterberg (USA, D)
1911	Taylors „Principles of Scientific Management" erscheint (USA)
1913	Einführung der Fließbandfertigung durch Ford (USA)
1917	Entwicklung des Army Alpha und Army Beta Test durch Yerkes et al. (USA)

Zwischen den Weltkriegen

1920	Gründung der Association International de Psychotechnique in Genf (CH)
20er	Blütezeit der (Subjekt-)Psychotechnik; arbeitspsychologische Untersuchungen zu u.a. Monotonie, Ermüdung (bes. D)
1922	Webers Bürokratietheorie publiziert (D)
1924	Beginn der Hawthorne-Studien (USA)
1931	Beginn der Marienthal-Studien (A)
1933	Lipmanns Institut durch SA verwüstet (D); u.a. Lewin und Stern emigrieren in die USA
1939	Berufsklassifikation im „Dictionary of Occupational Titles" (DOT) (USA)

Ab dem Zweiten Weltkrieg

1943	Maslows Motivationstheorie erscheint (USA)
1945	Gründung des Research Center on Group Dynamics durch Lewin; Beginn der Ohio-Führungsstudien (USA)
1946	Gründung der Division 14 (heute SIOP) der APA (USA)
1947	Gründung des Tavistock Institute of Human Relations (UK)
1954	Flanagan publiziert die Critical Incident Technique; Seashore findet

2.3 Entwicklungslinien nach dem Zweiten Weltkrieg

	komplexe Effekte der Gruppenkohäsion (USA)
1956	Beginn der AT&T Management Progress Study durch Gray (USA)
1958	Publikation von „Organizations" durch March und Simon (USA)
1959	Formulierung der soziotechnischen Systemtheorie durch Emery (UK); Zweifaktorentheorie durch Herzberg; Berufswahltheorie durch Holland (USA)
60er	Etablierung der Organisationspsychologie als Fach; Entwicklung grundlegender Messkonzepte für u.a. berufliche Leistung und Arbeitszufriedenheit; zahlreiche neue Theorien (bes. USA)
1962	Erstes Antidiskriminierungsgesetz in Ontario (CA) (in den USA seit 1964)
70er	Arbeitspsychologische Theorien der Tätigkeit (Leontjew, UdSSR) und Handlung (Hacker, DDR; Volpert, BRD)
1974	Einführung teilautonomer Arbeitsgruppen bei Volvo (S)
1977	Entwicklung der Validitätsgeneralisierung durch Schmidt und Hunter (USA)
1980	Hofstede publiziert Theorie kultureller Dimensionen (NL); Latham et al. entwickeln situatives Interview (CA)
1985	Transformationale Führungstheorie von Bass (USA)
1987	ASA-Theorie der Passung von Person und Organisation von Schneider (USA)
1990	Publikation der Großstudie „Project A" der US Army zu Eignung und Leistung
90er	Verbreitung japanischer Formen von Gruppenarbeit und Qualitätsmanagement; zahlreiche Metaanalysen bes. in der Eignungsdiagnostik (weltweit)
2002	Freie Online-Datenbank O*Net zur Berufsklassifikation und Anforderungsanalyse löst DOT ab (USA)

Nicht immer klar von der Human-Relations-Bewegung getrennt (z.B. Katzell & Austin, 1992) wird eine andere Strömung, die auf die Entwicklungen der *Humanistischen Psychologie* durch Charlotte Bühler, Carl Rogers und andere zurückging. In deren Mittelpunkt steht ein Menschenbild, das weniger auf Nutzenmaximierung oder auf soziale Beziehungen als auf den Wunsch und das stete Streben nach Selbstverwirklichung fokussiert (self-actualizing man). Innerhalb der AO-Psychologie gewannen diese Ideen besonders durch die Theorien von Abraham Maslow und Douglas McGregor Einfluss. Seit etwa den 1960er Jahren sind die theoretischen Entwicklungen in den Hauptforschungsfeldern der Organisationspsychologie wie etwa der Führungslehre (z.B. durch Einbeziehung der Situation in Kontingenzmodellen), der Arbeitsmotivation (z.B. durch Wahlhandlungsmodelle) oder der Organisationslehre (z.B. durch entscheidungs- und systemtheoretische Ansätze) so vielfältig, dass hier nur auf Kapitel 5 verwiesen sei. Ähnliches gilt für Entwicklungen nach dem Zweiten Weltkrieg in den bereits früher etablierten Teilgebieten der Personal- (z.B. die Methode der kritischen Ereignisse) und der Arbeitspsychologie (z.B. die Handlungsregulationstheorie), auf die in den Kapiteln 4 bzw. 3 näher eingegangen wird. Am (vorläufigen) Ende der Entwicklung seit dem Taylorismus stehen insgesamt die Orientierung an dem vielschichtigen, durch unterschiedliche Bedürfnisse geprägten Menschenbild des „complex man" sowie ein wieder verstärktes Interesse an Persönlichkeitsunterschieden und die Berücksichtigung der jeweiligen Situation.

2.4 Trends im 21. Jahrhundert

Nach einem bekannten Bonmot ist das Schwierige an Prognosen, dass sie in die Zukunft gerichtet sind. Hier können deshalb nur einige Entwicklungslinien für die Zukunft des Fachs skizziert werden, die zum jetzigen Zeitpunkt wahrscheinlich bzw. plausibel erscheinen, aber so nicht unbedingt eintreten müssen. Zu einem erheblichen Teil beruhen die Prognosen in der Fachliteratur dabei auf der Extrapolation der dramatischen Veränderungen der Arbeitswelt, die sich bereits seit dem ausgehenden 20. Jahrhundert vollziehen. Auch deutschsprachige Lehrbuchautoren (z.B. Nerdinger et al., 2008; Ulich, 2005; Weinert, 2004) sehen mit großer Übereinstimmung in der Globalisierung und dem Wandel der Arbeitswelt in technologischer, organisatorischer und demographischer Hinsicht die wesentlichen Herausforderungen für die Zukunft der AO-Psychologie.

Globalisierung. Der weltweite Wettbewerb hat in den letzten ca. 20 Jahren dazu geführt, dass zunehmend Industriearbeitsplätze von Hochlohn- in Niedriglohnländer verlagert wurden. Es ist daher nicht verwunderlich, dass dieses traditionelle Forschungsfeld der Arbeitspsychologie an Präsenz in den westlich geprägten Fachzeitschriften eingebüßt hat (z.B. Cascio & Aguinis, 2008), obwohl sich die Bedeutung von Themen wie Mensch-Maschine-Interaktion oder Monotonie eher geographisch verlagert als wirklich vermindert haben dürfte. Stattdessen nimmt die Bedeutung von Dienstleistungsarbeitsplätzen seit langem zu, während sich die AO-Psychologie

2.4 Trends im 21. Jahrhundert

erst in jüngerer Zeit den Spezifika dieser Branchen zuzuwenden beginnt (vgl. Nerdinger et al., 2008). Ferner führt die Globalisierung zu einer verstärkten Internationalisierung der Beziehungen innerhalb und zwischen Organisationen. Dadurch steigt die Bedeutung von Fragen der interkulturellen Übertragbarkeit von (oft amerikanischen) Forschungsergebnissen und der Kommunikation und Kooperation zwischen Mitgliedern verschiedener Kulturen. Dies betrifft zahlreiche Gebiete des Personalmanagements von der Analyse kultureller Unterschiede über die Auswahl und Entsendung von Mitarbeitern ins Ausland bis zur Zusammenstellung multikulturell besetzter Teams, denen sich die AO-Psychologie in letzter Zeit verstärkt zuwendet (z.B. Kühlmann & Stahl, 2006). Damit eng zusammen hängt die hohe Zahl (oft internationaler) Unternehmenszusammenschlüsse (mergers and acquisitions), die nicht selten aufgrund psychologischer Faktoren spektakulär scheitern (Cartwright, 2005). Die AO-Psychologie untersucht diese Ursachen und stellt auch Ansatzpunkte für Lösungen zur Verfügung, indem sie sich etwa mit Fragen der Messung und Passung von Organisationskulturen, der Entwicklung organisationaler Identifikation, der Gestaltung als gerecht empfundener organisationaler Prozesse oder der Überwindung von Widerständen gegen Veränderungen beschäftigt (vgl. Nerdinger et al., 2008).

Technologie. Mit der auch als „Digitale" oder „3. Industrielle Revolution" bezeichneten Entwicklung der Informationsgesellschaft durch die Verbreitung von Mikroprozessoren und schließlich des Internets veränderten sich die Anforderungen an vielen Arbeitsplätzen radikal, andere verschwanden ganz oder entstanden völlig neu. Einher ging und geht dieser Wandel u.a. mit einer allgemeinen Verschiebung der beruflichen Anforderungen (z.B. Computerkenntnisse als „Schlüsselqualifikation"), der Betonung von Wissen und Bildung als wichtigste betriebliche und gesellschaftliche Ressourcen, aber gleichzeitig auch mit einer enormen Beschleunigung der Vermehrung und Veraltung des Bestands an Wissen und Qualifikationen (z.B. Weinert, 2004). Von Arbeitnehmern erfordert dies häufig den Erwerb neuer und oft komplexerer Qualifikationen über die gesamte Erwerbslaufbahn (lebenslanges Lernen) und die Bereitschaft, sich mit der Obsoleszenz einmal erworbener Kenntnisse abzufinden. Ein Beispiel ist der alte Lehrberuf des Kfz-Mechanikers, der inzwischen durch den Mechatroniker abgelöst wurde. Das Tempo der Veränderungen stellt zunächst besonders die Methodik der Arbeitsanalyse vor Herausforderungen, deren aufwändige Verfahrensentwicklungen nur schwer auf ökonomisch vertretbare Weise Schritt halten können, während Alternativen noch nicht ausgereift sind (vgl. Kap. 3). Es betrifft jedoch auch Bereiche wie Eignungsdiagnostik und Training, die u.a. mit dem Problem umgehen müssen, dass sich die dispositionellen Leistungsvoraussetzungen (insbes. kognitive Fähigkeiten) nicht so schnell vermehren lassen wie die Anforderungen steigen. Ferner ermöglichen die neuen Technologien neue Formen der Arbeitsorganisation mittels Telearbeit, virtuellen Teams und Organisationen, und sie verändern nicht zuletzt auch das Personalmanagement selbst (z.B. durch e-recruitment). Zu diesen Themen sind in den letzten Jahren neue Forschungsfelder in der AO-Psychologie entstanden (vgl. z.B. Nerdinger et al., 2008).

Arbeitsorganisation. Durch effizienzsteigernde Neuerungen wie Outsourcing und Just-in-Time-Fertigung, die Optimierung von Fertigungsprozessen im Lean Management bei möglichst gleichzeitiger Konzentration auf Kundenbedürfnisse und Qualitätsmanagement, oft verbunden mit Massenentlassungen, wurde der Druck auf Arbeitnehmer enorm erhöht. Besonders deutlich wird dies in dem unter dem Begriff *Business Process Reengineering* bekannt gewordenen Managementkonzept, das diese Elemente zu einer Radikalkur vermischt und bei dessen vollmundiger Vermarktung mit Adjektiven wie „fundamental", „dramatisch" oder „revolutionär" nicht gespart wird (zur Kritik an dieser neo-tayloristischen Idealisierung eines omnipotenten Management vgl. Pruijt, 1998). Allerdings geht das Streben nach Effizienzsteigerungen in modernen Managementkonzepten meist mit einer Höherqualifizierung und Aufgabenerweiterung der Mitarbeiter und einem Abbau von Hierarchiestufen einher. Aus Sicht der AO-Psychologie haben diese Entwicklungen durchaus zwiespältige und teils widersprüchliche Folgen. Die Erhöhung des Leistungsdrucks und der Verlust an Arbeitsplatzsicherheit sind schwerwiegende Belastungsfaktoren, während die Erweiterung des Handlungsspielraums deren Auswirkungen zumindest reduzieren helfen sollte. In flacheren Hierarchien entfallen aber auch Optionen für die individuelle Laufbahnentwicklung. Ob von der Organisation abgekoppelte Laufbahnmodelle wie z.B. das Konzept der „proteanischen Karriere" dafür Ersatz bieten können, bleibt vorerst noch abzuwarten (vgl. z.B. Nerdinger et al., 2008), zumal sich diese Trennung mit AO-psychologischen Konzepten der langfristigen Mitarbeiterbindung (zu deren positiven Folgen s. Meyer, Stanley, Herscovitch, & Topolnytsky, 2002) nur schwer verträgt.

2.4 Trends im 21. Jahrhundert

Demographische Entwicklung. In den ökonomisch hoch entwickelten Ländern wird sich die demographische Struktur der Erwerbstätigen vor allem durch zwei anhaltende Trends in vorhersehbarer Weise verändern. Erstens führt die Auflösung der traditionellen Rollenverteilung zu einem steigenden Anteil von Frauen unter den Beschäftigten insgesamt und, wenn auch mit einiger Verzögerung, in Zukunft verstärkt auch in Führungspositionen. Da Männer bislang nicht in gleichem Maße traditionelle Frauenrollen mit übernehmen, bestehen bei der Lösung des Problems, berufliche und familiäre Verpflichtungen miteinander zu vereinbaren, nach wie vor geschlechtsspezifische Unterschiede. Die AO-Psychologie beschäftigt sich mit diesen Fragen in der seit einiger Zeit aufblühenden Forschungsrichtung der *Work-Life-Balance* (z.B. Beauregard & Henry, 2009), untersucht Geschlechtsspezifika aber auch in so unterschiedlichen Bereichen wie z.B. der Forschung zu Frauen in Führungspositionen oder zur sexuellen Belästigung am Arbeitsplatz. Der zweite bedeutende demographische Trend ist die Veränderung der Altersstruktur, in der auch innerhalb der Gruppe der Erwerbstätigen der Anteil der Älteren ansteigt und weiter ansteigen wird. Diese Entwicklung, die sich durch die Verschiebung des gesetzlichen Rentenseintrittsalters noch verstärken wird, kehrt die lange zu beobachtende Tendenz zur Frühverrentung um. In der AO-Psychologie ist seit langem bekannt, dass berufliche Leistung nicht einfach mit dem Alter absinkt (der lineare Zusammenhang ist praktisch Null, Hunter & Hunter, 1984), dennoch verändern sich viele psychologische Prozesse in Abhängigkeit vom Lebensalter, und diese Veränderungen unterscheiden sich häufig interindividuell und zwischen verschiedenen Berufen. Für die AO-Psychologie ergeben sich daraus Forschungsfragen auf zahlreichen Gebieten von der Ergonomie über die Personalauswahl und -entwicklung bis zur Gestaltung von Arbeitszeitmodellen.

Weiterführende Literaturempfehlungen

Greif, S. (2004). Geschichte der Organisationspsychologie. In H. Schuler (Hrsg.), *Lehrbuch Organisationspsychologie* (3. überarb. Aufl.) (S. 21-57). Bern: Huber.

Lück, H. E. (2004). Geschichte der Organisationspsychologie. In H. Schuler (Hrsg.) *Organisationspsychologie – Grundlagen und Personalpsychologie. Enzyklopädie der Psychologie. D/III/3* (S. 17-72). Göttingen: Hogrefe.

3 Arbeitspsychologie

In der klassischen Ökonomie herrscht ein sehr einfaches Verständnis von Arbeit (z.B. Breyer, 2007): Menschen haben eine klare Präferenz für Freizeit gegenüber Arbeit. Um konsumieren zu können, müssen sie jedoch auf Freizeit verzichten und ihre Arbeitskraft gegen Lohn anbieten. Dadurch entsteht einerseits Einkommen, andererseits aber auch „Arbeitsleid" durch entgangene Freizeit. Dieses Verständnis von Arbeit ist sicher nicht völlig falsch, aber auch sehr einseitig rationalistisch und unpsychologisch. Es kann z.B. nicht erklären, warum viele Menschen zu ehrenamtlichen Tätigkeiten bereit sind, warum der Verlust des Arbeitsplatzes nachweislich auch mit immateriellen Einbußen an Lebensqualität verbunden ist oder warum objektiv gleich bewertete (vergütete) Arbeit mit subjektiv sehr unterschiedlichen Graden an Zufriedenheit verbunden sein kann. Mit solchen (und vielen anderen) Fragen beschäftigt sich die Arbeitspsychologie.

Definitionen von Arbeit. Verschiedene Autoren definieren Arbeit, den Gegenstand arbeitspsychologischen Erkenntnisinteresses, im Kern übereinstimmend als *zielgerichtete, aufgabenbezogene menschliche Tätigkeit,* unterscheiden sich jedoch im Einbezug weiterer Aspekte und dem Geltungsbereich. So bezieht z.B. Hacker (2005) neben der Erwerbsarbeit auch ehrenamtliche Tätigkeiten und (vom Arbeitenden ausschließlich selbst genutzte) „Eigenarbeit" ein. Nerdinger et al. (2008) betonen als weitere Bestimmungsstücke die Aspekte der Planmäßigkeit und des Einsatzes von Ressourcen bei der Arbeit, während bei Semmer und Udris (2004) u.a. der Zweck der Transformation der Umwelt, das Merkmal der Bewertung der Aufgaben und als finales Ziel die Bedürfnisbefriedigung hinzutreten. Hacker (2005) unterteilt Arbeitsprozesse in sechs Bestandteile, nämlich:

- die (individuell oder in Dyaden bzw. Gruppen) Arbeitenden
- die eigentlichen Arbeitstätigkeiten
- die antizipierten Ziele dieser Tätigkeiten in Form von Arbeitsergebnissen
- die technischen Arbeitsmittel wie Werkzeuge oder Maschinen
- die äußeren Arbeitsbedingungen sozialer, technologischer, organisatorischer und wirtschaftlicher Natur sowie
- von Menschen unabhängige, automatisierte Prozesse

Eine Reihe weiterer Grundbegriffe der Arbeitspsychologie werden, zusammen mit einem theoretischen Rahmenkonzept, im folgenden Abschnitt erläutert. Die weitere Gliederung dieses Kapitels folgt dann – in heuristischer Anlehnung an den in Kap. 1 eingeführten Dreiklang – einer Klassifikation der Themengebiete der Arbeitspsychologie in die Grobkategorien der Analyse von Arbeitsaufgaben inkl. deren Bewertung (Diagnose), der Arbeitsgestaltung (Intervention) und der Betrachtung von psychologischen Folgen der Erwerbsarbeit bzw. auch der „Nicht-Arbeit" (Evaluation).

3.1 Grundbegriffe und ein theoretischer Rahmen der Arbeitspsychologie

Stärker noch als in anderen Teilgebieten unterscheidet sich in der Arbeitspsychologie die europäische von der nordamerikanischen Tradition, wenngleich in jüngerer Zeit das Bestreben einer Integration dieser Traditionen zu beobachten ist (so z.B. im Handbuch von Anderson et al., 2001). Als geschlossenes Teilgebiet wird die Arbeitspsychologie vor allem in Europa betrachtet; von hier stammen auch einige der anspruchsvollsten und umfassendsten theoretischen Arbeiten, was sich für andere Teilgebiete der AO-Psychologie leider seltener behaupten lässt. In Nordamerika werden die einzelnen arbeitspsychologischen Themen zwar auch intensiv untersucht, der Zugang ist dort aber oft deutlich pragmatischer und auf unterschiedliche Teilgebiete verteilt. Ein weiterer wichtiger Unterschied liegt in der relativ stärkeren Betonung von Humanisierungs- gegenüber Effizienzzielen in der europäischen Arbeitspsychologie, wenngleich der Fokus auf beiden Seiten des Atlantiks beide Teilziele einschließt. Unterschiede finden sich ferner auch in grundlegenden Begrifflichkeiten. Anstelle der (z.B. in Großbritannien

3.1 Grundbegriffe und ein theoretischer Rahmen

durchaus üblichen) Verwendung des Begriffs „work" tritt in Nordamerika meist die unscharfe Bezeichnung „job" (z.B. in job analysis, job design, job evaluation).

Makrostruktur der Tätigkeit. Unter den oben zitierten Bestandteilen der Arbeitsprozesse nach Hacker (2005) steht im Mittelpunkt der arbeitspsychologischen Betrachtung an erster Stelle die Tätigkeit selbst – im Sinne des eigentlichen Vollzugs der Arbeit. Die umfassendsten theoretischen Konzepte in der Arbeitspsychologie beschäftigen sich mit der psychischen Regulation von Tätigkeiten bzw. den daraus abgeleiteten Handlungen. Nach der tätigkeitstheoretischen Konzeption von Leontjew (1977) etwa sind *Tätigkeiten* nämlich hierarchisch strukturiert. Sie werden, als oberste und abstrakteste Einheit des Verhaltens, durch nicht unbedingt bewusste Motive angeregt und reguliert. Daraus leiten sich bewusste, durch konkrete Ziele ebenfalls initiierte und gelenkte Handlungen ab. Der Charakter der Tätigkeit kann sich dabei auch bei objektiv gleichen Handlungen in Abhängigkeit von den Motiven unterscheiden. Für die Handlung „Führen eines Mitarbeitergesprächs zur Leistungsbeurteilung" z.B. kommt es darauf an, ob das Motiv der zugrundeliegenden Tätigkeit „Mitarbeiterführung" die Ausübung von Macht oder die Verbesserung der Gruppenleistung ist. Handlungen bestehen ihrerseits wieder aus von den gegebenen Bedingungen abhängigen Teilhandlungen bzw. *Operationen*. Auf der untersten Ebene der Tätigkeit stehen einzelne *Bewegungen*, die allerdings nur den sichtbaren Bereich des Verhaltens einschließen. Diese Zusammenhänge sind in Abb. 3.1 grafisch dargestellt.

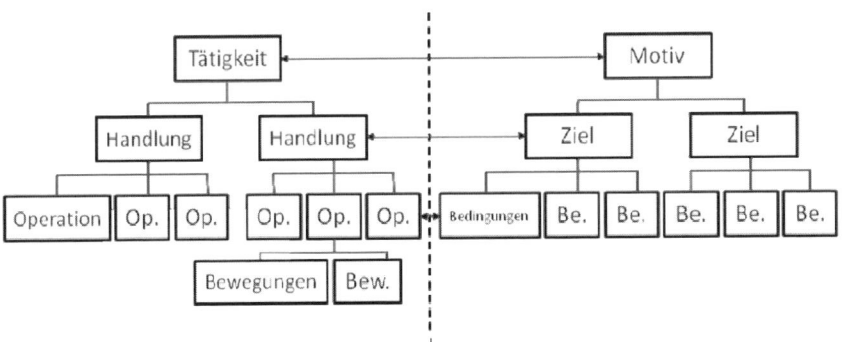

Abbildung 3.1: Hierarchische Tätigkeitsstruktur nach Leontjew (aus Nerdinger et al., 2008)

Tätigkeiten lassen sich jedoch auch von ihren antizipierten Ergebnissen her betrachten und analysieren. Die Spezifikation eines angestrebten Arbeitsresultats unter festgelegten Bedingungen bezeichnet Hacker (2005) als *Auftrag*, einen subjektiv übernommenen Arbeitsauftrag als *Aufgabe*. In der nordamerikanischen Literatur (z.B. Harvey, 1991) steht der Begriff „task" dagegen eher für eine der Handlung vergleichbare Verhaltenssequenz, die sich weiter in den Operationen analoge *Aufgabenelemente* (task elements) gliedern lässt. Verschiedene tasks lassen sich auf einer höheren Ebene zusammenfassen und einer Person zuweisen, wodurch *Stellen* (positions) entstehen. Gruppen von Stellen, die einander so stark ähneln, dass ihre Aufgaben untereinander funktionell austauschbar sind, heißen *jobs* (Harvey, 1991) und lassen sich nach gradueller Ähnlichkeit weiter zu *Berufskategorien* (job families) gruppieren.

Handlungsregulationstheorie. In der gleichen Tradition wie Leontjew, jedoch stärker auf die Handlungsebene fokussiert, stehen die seit den 1970er Jahren in Deutschland entwickelten Theorien der psychischen Regulation von Arbeit. Beispielhaft sei hier Hackers (aktuell 2005) *Handlungsregulationstheorie* kurz vorgestellt, wobei der vorliegende Text der Komplexität dieser Theorie freilich nicht gerecht werden kann (vgl. ausführlicher Nerdinger et al., 2008; oder Sonntag, 2007). Die Handlungsregulationstheorie versucht insbesondere einfache behavioristische Reiz-Reaktionsmodelle zu überwinden und greift dafür, neben der osteuropäischen Tätigkeitstheorie, auf das TOTE-Modell (test-operate-test-exit; Miller, Galanter & Pribram, 1960) aus Kognitionspsychologie und Kybernetik zurück. Im TOTE-Modell wird Verhalten als ein durch Soll-Ist-Vergleiche und die dabei wahrgenommenen Diskrepanzen regulierter Prozess beschrieben. Hacker und andere Autoren erweiterten dieses einfache Modell auf sehr vielschichtige Weise.

Ausgangspunkt sind auch bei Hacker den TOTE-Einheiten ähnliche *Vergleichs-Veränderungs-Rückkopplungs (VVR)-Einheiten*, die durch den Vergleich antizipierter mit erreichten Ergebnisfortschritten das Verhalten steuern. Diese Sequenzen werden fortgesetzt, wenn der Fortschritt mit den Zielen übereinstimmt, und ansonsten wiederholt. Innerhalb einer Handlung kann eine Vielzahl miteinander vernetzter VVR-Einheiten auftreten. Handlungen sind nämlich in sich sowohl *hierarchisch* als auch *sequenziell* strukturiert. Die hierarchische Struktur ähnelt der Makrostruktur bei Leontjew, kann jedoch weitere Abstraktionsebenen von Handlungselementen einschließen. Die sequenzielle Struktur fügt dem eine horizontale Aufgliederung hinzu, indem die einzelnen Teilaufgaben nacheinander abgearbeitet werden. Letzteres korrespondiert mit dem allgemein *prozessualen Charakter* von Handlungen, wobei sich die Phasen der Vorbereitung (bestehend aus Zielbildung, Orientierung, Planung und Entscheidung), der Ausführung und Kontrolle sowie letztlich der Verarbeitung des Feedbacks bis hin zur Erreichung des Handlungsziels unterscheiden lassen. Nur Handlungen, die all diese Elemente einschließen, sind als *vollständige Handlungen* der Persönlichkeitsentwicklung förderlich. Die Regulation der (Teil-)Handlungen kann stets auf qualitativ unterschiedlichen *Regulationsebenen* erfolgen. Komplexe Probleme erfordern bewusstseinspflichtige Lösungsstrategien auf der intellektuellen Regulationsebene, Routineaufgaben mittlerer Komplexität werden auf der perzeptiv-begrifflichen Ebene reguliert, die zwar prinzipiell bewusstseinsfähige, aber meist unbewusst abgerufene gespeicherte Handlungsschemata beinhaltet, während schließlich einfache, automatisierte Bewegungen auf der nicht bewusstseinsfähigen sensumotorischen Ebene ablaufen. Um diese insgesamt komplexen Handlungsmuster zielgerichtet zu steuern, benötigen Individuen als weiteres wichtiges Element eine relativ stabile kognitive Repräsentation aller relevanten Ziele, Handlungselemente und Randbedingungen. Diese Wissenskomponente des Handelns bezeichnet Hacker als *Operatives Abbildsystem* (OAS). Anders als man aufgrund der Abstraktheit und Komplexität der Handlungsregulationstheorie vielleicht denken könnte, hat dieses Konzept seinen Anwendungsnutzen bereits vielfach bewiesen (vgl. folgende Abschnitte). Es fehlt ihm jedoch u.a. ein inhaltlich motivationales und darüber hinaus ein soziales Element.

3.2 Arbeitsanalyse und -bewertung

Innerhalb des gesamten Spektrums AO-psychologischer Maßnahmen nimmt die Arbeitsanalyse eine sehr grundlegende Funktion ein, indem sie das Fundament für zahlreiche darauf mittelbar oder unmittelbar aufbauende Aktivitäten bildet. Das gilt insbesondere für ein weites Verständnis von Arbeitsanalyse, das die Ableitung von Anforderungen an die Arbeitenden einschließt. Diese Erweiterung ist in der deutschen Arbeitspsychologie unüblich, wo die Anforderungsanalyse eher im Rahmen der Personalpsychologie diskutiert wird (z.B. Nerdinger et al., 2008), und wird auch in der amerikanischen Literatur teilweise explizit abgelehnt (z.B. Harvey, 1991). Die *Arbeitsanalyse* beschäftigt sich danach mit konkreten, beobachtbaren oder zumindest objektivierbaren Verhaltensweisen im Sinne von Handlungen bzw. Arbeitsaufgaben, ferner mit den äußeren physischen, sozialen und technologischen Arbeitsbedingungen einschließlich der Arbeitsmittel sowie mit den Auswirkungen der Aufgaben und Bedingungen auf den Menschen (Harvey, 1991). Die *Anforderungsanalyse* befasst sich dagegen mit den individuellen Verhaltens- bzw. Leistungsvoraussetzungen erlernbarer (Wissen, Fertigkeiten) und dispositiver (Fähigkeiten, Persönlichkeitsmerkmale) Natur (vgl. Kap. 4). Trotz der begrifflichen Trennung ist beides, insbesondere für praktische Anwendungen, eng miteinander verbunden, da Anforderungen aus Merkmalen der Arbeit abgeleitet werden. Sowohl in der Arbeits- als auch in der Anforderungsanalyse werden Arbeitsplätze unabhängig von Unterschieden zwischen deren individuellen Inhabern untersucht (s. dazu Kap. 4.3.2 und 4.4.2).

Funktionen der Arbeitsanalyse. Die Funktionen der Arbeits- und Anforderungsanalyse schließen fast das gesamte Instrumentarium der AO-Psychologie ein (zumindest der Teile A und P). In deutschsprachigen Darstellungen der Arbeitspsychologie und Arbeitsanalyse (z.B. Hacker, 2005; Ulich, 2005) steht die Gestaltung menschengerechter Arbeitsplätze (vgl. Abschn. 3.3) im Zentrum des Interesses. In Nordamerika, wo Arbeits- und Anforderungsanalyse weniger fundamental differenziert werden, wird eher die Breite der Anwendungen betont. Die folgende Abb. 3.2 stellt den Versuch dar, diese Perspektiven zu verbinden, wobei jedoch der grundlegende Charakter der Arbeitsanalyse deutlich werden sollte. Dabei wird unterschieden zwischen unmittelbaren Resultaten der Arbeitsanalyse (der evaluativen Arbeitsbewertung, der deskriptiven Beschreibung von Arbeitsaufgaben und der interpretativen Ableitung von Anforderungen) und den daraus mittelbar abgeleiteten weiteren Maßnahmen bzw. Instrumenten.

3.2 Arbeitsanalyse und -bewertung

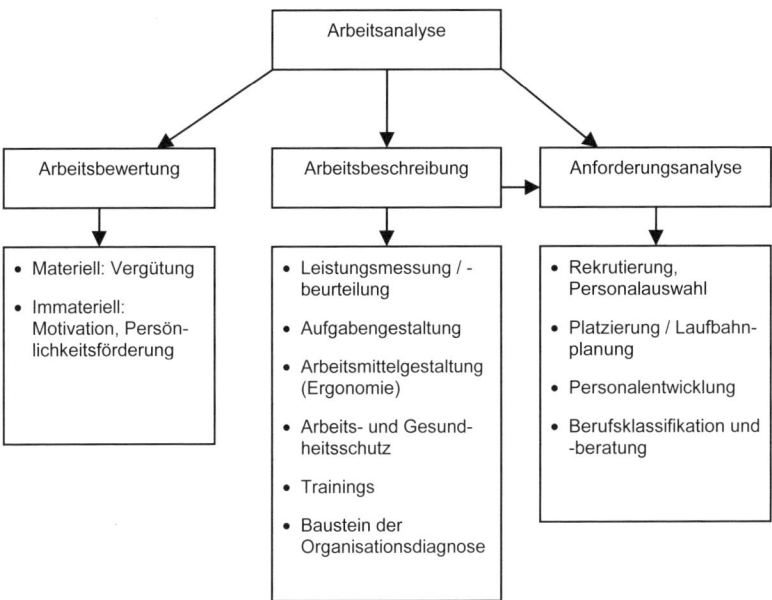

Abbildung 3.2: Funktionen der Arbeitsanalyse (verändert und erweitert nach Levy, 2006)

Rahmenkonzepte und Verfahren der Arbeitsanalyse. Mit einer Arbeitsanalyse ist oft auch ein erheblicher Verfahrensaufwand verbunden, der jedoch von der gewählten Methode abhängt. Umfassende Rahmenkonzepte zum methodischen Vorgehen stammen u.a. von Hacker (2005) und Ulich (2005). Hacker schlägt ein hypothetico-deduktives Vorgehen vor, bei dem durch „W-Fragen" (Wozu? Was? Wie?) angeleitete Hypothesen aufgestellt und geprüft werden. Dabei soll die Analyse nach dem sog. *OTKA-Schema* kausalkonditional vom Allgemeinen zum Spezifischen vordringen, indem die einzelnen Aufträge (A) als abhängig von organisatorischen (O) und technologischen (T) Rahmenbedingungen sowie Merkmalen der Kooperation (K) betrachtet werden. Ähnlich ganzheitlich, jedoch eher durch die sozio-technische Systemtheorie beeinflusst, ist Ulichs *Mensch-Technik-Organisation (MTO)-Konzept*, das die wechselseitige Abhängigkeit der Subsysteme betont. Ulich schlägt ein multi-methodal gestütztes Vorgehen vor, bei dem sieben Schritte durchlaufen werden, die unterschiedliche Organisationseinheiten,

Prozesse und Perspektiven einschließen. Eher pragmatische Ansätze werden manchmal in der nordamerikanischen Literatur vorgeschlagen (vgl. z.B. Catano, Wiesner, Hackett & Methot, 2005 und Kap. 4.2). Einzelne arbeitsanalytische Methoden lassen sich nach unterschiedlichen Kriterien differenzieren. In Nordamerika besonders verbreitet ist die Einteilung in die verhaltensnah-spezifische *work-oriented job analysis* und die eher abstrakt-anforderungsnahen Methoden der *worker-oriented job analysis*. Davon zu unterscheiden ist die in deutschsprachigen Darstellungen (z.B. Schüpbach & Zölch, 2004) etablierte Unterteilung in *bedingungsbezogene* (von objektiv-beobachtbaren Merkmalen der Tätigkeit auf deren Regulationserfordernisse schließende) und *personbezogene* (auf subjektiven Wahrnehmungen und Bewertungen basierende) Arbeitsanalysen. Es geht bei personbezogenen Verfahren also nicht um die Ableitung von Anforderungen *an* die arbeitende Person, sondern um die Beurteilung *durch* die arbeitende Person. Diese erfolgt i.d.R mittels standardisierter schriftlicher Befragung, während die dominierende Erhebungsform bedingungsbezogener Analysen sog. *Beobachtungsinterviews* sind. Dabei beobachtet die Arbeitsanalytikerin stichprobenartig bei einem erfahrenen Stelleninhaber die Tätigkeit und stellt begleitend bzw. unmittelbar im Anschluss Fragen zu nicht beobachtbaren Aspekten der Tätigkeit (z.B. alternativen Handlungsmöglichkeiten, erwarteten Wirkungen etc.), die allenfalls durch einen Leitfaden vorstrukturiert sind. Generell kommt in Arbeitsanalysen eine Vielzahl unterschiedlicher Erhebungsmethoden, oft in Kombination, zum Einsatz, was natürlich mit hohem Aufwand verbunden ist. Schließlich lassen sich Arbeitsanalysemethoden noch nach ihrer *theoretischen Fundierung* unterscheiden. Die Mehrzahl deutschsprachiger Verfahren ist tätigkeits- bzw. vor allem handlungstheoretisch fundiert (Schüpbach & Zölch, 2004, listen tabellarisch 15 handlungstheoretische und 11 weitere Verfahren auf). Die in Nordamerika am weitesten verbreiteten Verfahren beruhen auf unterschiedlichen Theorien (im Überblick Catano et al., 2005; Harvey, 1991). Von dort stammt auch der Trend zu sog. *„competency models"*, die sich flexibler als klassische Arbeitsanalyse wandelnden Arbeitsbedingungen anpassen lassen, jedoch noch unter gravierenden Problemen u.a. mit der Validität leiden (s. Catano et al., 2005).

Materielle Arbeitsbewertung. Je nach Verfahren kann die Arbeitsanalyse in einer rein beschreibenden oder auch bereits in einer bewertenden Darstellung der Tätigkeit münden. In Nordamerika wird unter dem Begriff

3.3 Arbeitsgestaltung

"job evaluation" die Bewertung von Arbeitsplätzen in Geldeinheiten als Grundlage von *Entgeltsystemen* verstanden. Zu den am weitesten verbreiteten, aber auch aufwändigsten Verfahren gehört die sog. *Punktmethode* (s. einführend Levy, 2006). Hier werden zunächst arbeitsanalytisch sog. „compensable factors" der Berufstätigkeit identifiziert und anschließend durch Experten in einem mehrstufigen Prozess nach einem einheitlichen Punktsystem bewertet. Die Methode dient v.a. dem Vergleich verschiedener Tätigkeiten für die Bewertung und ggf. Herstellung von Lohngerechtigkeit.

Immaterielle Arbeitsbewertung. In der deutschsprachigen Arbeitspsychologie steht dagegen im Mittelpunkt die Bewertung der Arbeit nach psychologischen Merkmalen unter dem Gesichtspunkt der *Förderung von Gesundheit und Persönlichkeitsentwicklung*. Arbeitsbewertung steht hier also in engem Zusammenhang mit der Gestaltung menschengerechter Arbeitsplätze. Hierzu wurden von verschiedenen Autoren teils hierarchisch aufgebaute (d.h. sich sequenziell bedingende) Kriterienkataloge vorgeschlagen (im Überblick Ulich, 2005), nach denen Arbeit bewertet werden kann. So muss etwa nach Hacker und Richter (1980) Arbeit zunächst (1) das Kriterium langfristiger Ausführbarkeit erfüllen, sodann (2) das der Schädigungslosigkeit im Sinne der Vermeidung gesundheitlicher Beeinträchtigungen, während (3) unter dem weitergehenden Kriterium der Beeinträchtigungsfreiheit eher die Wahrung psychischen Wohlbefindens verstanden wird. Ganz oben in der Hierarchie steht (4) das Kriterium der Persönlichkeitsförderlichkeit im Sinne des Lernens und Erhaltens von Leistungsvoraussetzungen. Kataloge psychologischer Bewertungsmerkmale mit klarem Gestaltungsbezug wurden auch in Inhaltstheorien der Arbeitsmotivation aufgestellt (s. Abschn. 3.3.1, 5.1.1).

3.3 Arbeitsgestaltung

Im Mittelpunkt (nicht nur) handlungsregulationstheoretisch geprägter Konzepte der Arbeitspsychologie steht auch bei der Gestaltung die *Arbeitsaufgabe* (Hacker, 2005; Ulich, 2005). Daneben beschäftigen sich Arbeitspsycholginnen traditionell mit der Gestaltung äußerer *Arbeitsbedingungen*, und zwar insbesondere solchen physischer Natur (z.B. Raum, Licht, Lärm) und der Arbeitszeit, während die Untersuchung sozialer Bedingungen eher in den Bereich der Organisationspsychologie fällt. Eine Sonderstellung nimmt die Gestaltung von *Arbeitsmitteln* ein, die ein eigenständiges Teilgebiet innerhalb der Arbeitspsychologie und darüber hinaus der Arbeitswissenschaften bildet. Mit den genannten drei Hauptbereichen der Arbeitsgestaltung beschäftigen sich die folgenden Unterabschnitte.

3.3.1 Gestaltung von Arbeitsaufgaben

Tätigkeitsspielraum. Das handlungstheoretische Konzept einer vollständigen Aufgabe mit dem Ziel der Erfüllung der Kriterien menschengerechter Arbeit (s.o.). läuft im Kern auf die Umkehrung der tayloristischen Arbeitsteilung durch Erweiterung der individuellen Aufgaben und Handlungsmöglichkeiten hinaus. In diesem Punkt trifft sich die Handlungstheorie mit den Forderungen so unterschiedlich begründeter Theoriesysteme wie der Humanistischen Psychologie und der sozio-technischen Systemtheorie (vgl. Abschn. 2.3), mit Inhaltstheorien der Motivation (s.u. und Abschn. 5.1.1) oder auch modernen Stresstheorien (Abschn. 3.4). In all diesen theoretischen Konzepten wie auch für deren Umsetzung in Gestaltungsmaßnahmen spielt der *Tätigkeitsspielraum* eine zentrale Rolle. Nach Ulich (1984) ist der Tätigkeitsspielraum ein mehrdimensionales Konstrukt. Die Freiheitsgrade bei der Festlegung und Abgrenzung der Aufgaben kennzeichnen den *Entscheidungsspielraum* (Autonomie). Bei der Ausführung einzelner Handlungen ist weiter zu unterscheiden zwischen dem *Gestaltungsspielraum* (Variabilität), bei dem es um die selbständige Strukturierung in Teilhandlungen geht, und dem *Handlungsspielraum* (Flexibilität), der sich auf das Ausmaß an Wahlmöglichkeiten zwischen Teilhandlungen bezieht. Diese dreidimensionale Differenzierung lässt sich, in der genannten Reihenfolge, auch auf die oben beschriebene Makrostruktur der Tätigkeit bei Leontjew (1977) beziehen (vgl. Abb. 3.1).

Zweifaktorentheorie. Historisch älter als handlungstheoretisch fundierte Konzepte, weit weniger sophistiziert, aber im Ergebnis durchaus gleichgerichtet, sind Vorschläge zur Aufgabenerweiterung, die auf der *Zweifaktorentheorie* (Herzberg, Mausner & Snyderman, 1959) aufbauen. Herzberg und Kollegen glaubten aufgrund zwar empirisch erhobener, methodisch aber bald stark kritisierter Befunde herausgefunden zu haben, dass Arbeitszufriedenheit und -unzufriedenheit durch sehr unterschiedliche Faktoren bedingt werden. Befragte man Teilnehmer nach Gründen für Unzufrieden-

3.3 Arbeitsgestaltung

heit, so nannten sie vor allem äußere Arbeitsbedingungen (inkl. Bezahlung und sozialer Faktoren), während Zufriedenheit besonders durch intrinsische Merkmale der Tätigkeit selbst (inkl. Anerkennung und Entwicklungsmöglichkeiten) zu entstehen schien. Diese Auffassung, nach der sich durch Kontextmerkmale lediglich Unzufriedenheit vermeiden lässt, während Motivation durch Kontentmerkmale der Arbeit entsteht, bildete den Ausgangspunkt für konkrete Vorschläge zur Aufgabenerweiterung vorwiegend bei einfachen Tätigkeiten in der Industrie (Herzberg, 1968). Deren unterste Stufe bildet der einfache Wechsel zwischen verschiedenen gleichermaßen sinnentleerten Tätigkeiten etwa am Fließband (*job rotation*). Kaum weiter geht die horizontale Aufgabenerweiterung durch Zusammenfassung mehrerer gleichartiger Arbeitselemente (*job enlargement*). Eine sinnvolle Gestaltung muss nach Herzberg in einer vertikalen Aufgabenerweiterung (*job enrichment*) bestehen, die durch den Wegfall äußerer Kontrolle und die Hinzunahme neuartiger Aufgaben mit größerer Eigenverantwortung die tayloristische Trennung von Hand- und Kopfarbeit überwindet (vgl. Ulich, 2005, für Beispiele der betrieblichen Umsetzung).

Theorie der Arbeitscharakteristika. Mindestens ebenso einflussreich für die Arbeitsgestaltung war die schon mehrfach erwähnte *Theorie der Arbeitscharakteristika* (Hackman & Oldham, 1980). Diese spezifiziert fünf Kernmerkmale, die zusammen das Motivierungspotential einer Tätigkeit bestimmen (s. Abb. 3.4 rechte Seite; die ersten drei Merkmale sind wechselseitig kompensierbar). Die Ausprägung dieser Merkmale erklärt vielfältige Wirkungen wie Motivation, Zufriedenheit, Leistung und Fluktuation, wobei auch vermittelnde Prozesse und Moderatorvariablen zu beachten sind. Diese Wirkungsseite der Theorie ist in fast jedem Lehrbuch der AO-Psychologie dargestellt und in ihren Kernaussagen empirisch gut bestätigt (metaanalytisch Fried & Ferris, 1987; weniger gut jedoch die Form der Verknüpfung der Arbeitsmerkmale). Zur Veränderung der Arbeitscharakteristika durch Maßnahmen der Arbeitsgestaltung hat Hackman (1991) Vorschläge gemacht, die in Abb. 3.4 dargestellt sind. Danach können einige Gestaltungsmaßnahmen auf mehrere Aufgabenmerkmale simultan wirken, was jedoch nicht unbedingt etwas über die Bedeutung der Maßnahmen aussagt. Das empirisch bedeutsamste Merkmal der Autonomie (Fried & Ferris, 1987) z.B. wird v.a. durch die dem job enrichment entsprechende vertikale Anreicherung beeinflusst.

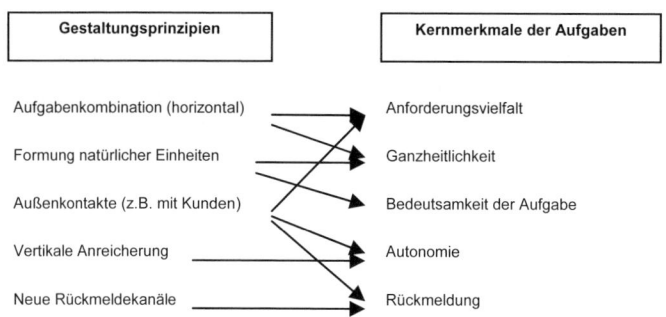

Abbildung 3.4: Prinzipien der Aufgabengestaltung nach Hackman (1991)

Als abschließendes Beispiel für eine besonders weitgehende Arbeitsgestaltungsmaßnahme sei hier noch ein Gruppenkonzept vorgestellt, das aus der sozio-technischen Systemtheorie abgeleitet wurde.

Beispiel 3.1: Teilautonome Arbeitsgruppen bei Volvo, Uddevalla

Seit den 1970er Jahren wurden in verschiedenen europäischen Automobilfabriken Konzepte einer sehr weitgehenden Aufgabenerweiterung und Selbstregulation von Industriearbeit in sog. (teil-)autonomen Arbeitsgruppen umgesetzt, am radikalsten wohl im Werk Uddevalla der Firma Volvo (s. ausführlich die Beiträge in Sandberg, 1995/2007). Dieses Werk wurde von Beginn an als fließbandfreie Fabrik geplant, in der die Materialien mittels sog. „Automatic Guided Vehicles" (AGV) zu sechs Fertigungsinseln transportiert wurden, in denen Gruppen von je acht Arbeitern komplette Fahrzeuge zusammensetzten (vgl. nachstehende Abb.). In einem langjährigen Qualifikationsprozess sollten ehemalige Fließbandarbeiter in letzter Konsequenz in die Lage versetzt werden, sämtliche zur Montage nötigen Tätigkeiten zu beherrschen. Die Arbeitszyklen verlängerten sich dadurch von wenigen Minuten oder gar Sekunden auf mehrere Stunden, ohne dass das Auto bewegt wurde. Dies ging einher u.a. mit einer weitgehenden Selbstbestimmung der Gruppen. Die Gruppen wählten aus ihrer Mitte einen Gruppensprecher, der einige Führungsfunktionen ohne formale Weisungsbefugnis wahrnahm, und waren neben der Montage u.a. auch für Vor- und Nacharbeiten sowie einige Personalfunktionen verantwortlich.

3.3 Arbeitsgestaltung

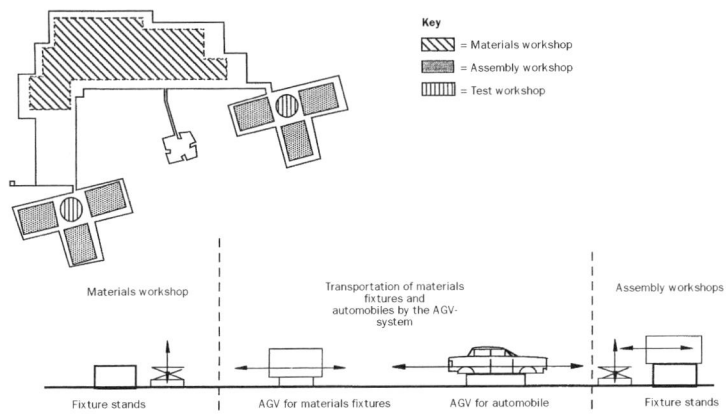

Schema der Fabrikation im Volvo-Werk Uddevalla
(aus Engström, Jonsson & Medbo, 1998)

In dieser Form wurde die Produktion in Uddevalla nur ca. fünf Jahre, von 1988 bis 1993, aufrechterhalten. Die Gründe für die Einstellung des Experiments waren vor allem unternehmenspolitischer Natur (Ulich, 2005). Die durch den früheren Vorstandsvorsitzenden Gyllenhammar vorangetriebene sehr weitgehende Demokratisierung passte nicht zur stärker autokratischen Unternehmenskultur des neuen Haupteigentümers Renault. Über den „objektiven" Erfolg der Gruppenarbeit gehen die Meinungen auseinander (vgl. dazu die Beiträge von Berggren sowie Adler & Cole in Sandberg, 1995/2007). Unstrittig sind die enormen Fortschritte bei der Erreichung von Humanisierungszielen wie Zufriedenheit, der Steigerung des Selbstwertgefühls oder der Entwicklung einer Unterstützungskultur, aber auch die besonders am Anfang hohe Fluktuation. Die Produktivität erreichte schnell das Niveau traditioneller Fließbandfertigung und übertraf diese am Ende sogar, wobei jedoch der Standard japanischer Vergleichswerke verfehlt wurde (über den Abstand besteht Uneinigkeit zwischen den genannten Autoren). In nicht ganz so radikaler Form wurden und werden teil-autonome Gruppen in zahlreichen Branchen und Ländern fortgeführt (s. Ulich, 2005, für Bsp.) und gewinnen mit Bestrebungen zu mehr „Empowerment" wieder an Aktualität.

3.3.2 Gestaltung von Arbeitsbedingungen

Das Beispiel Uddevalla zeigt deutlich die Wechselwirkungen zwischen Aufgabengestaltung und äußeren Rahmenbedingungen. Dort wurde im Grunde die ganze Fabrik um das Konzept der Gruppenarbeit herum gestaltet, was man als ein Beispiel für *prospektive* (persönlichkeitsfördernde) Arbeitsgestaltung werten kann. Meist muss die Arbeitspsychologie jedoch von bestehenden Bedingungen ausgehen, wobei entweder auf erkannte Fehler nachträglich reagiert (*korrektive* Arbeitsgestaltung) oder versucht wird, gesundheitliche Schäden vorausschauend zu vermeiden (*präventive* Arbeitsgestaltung).

Für den Arbeitsschutz (s. Abschn. 3.4) spielen besonders *physische* Arbeitsbedingungen (z.B. Raumgröße und -klima, Licht, Geräusche) eine wichtige Rolle, die in engem Zusammenhang mit der Gestaltung von Arbeitsmitteln (Abschn. 3.3.3) stehen, und die in Deutschland z.T. gesetzlich geregelt sind (z.B. in der Arbeitsstättenverordnung). In Uddevalla wurden auch die *organisatorischen* Rahmenbedingungen, etwa die Betriebsgröße und die Organisation der Arbeitsabläufe, auf das Konzept der Gruppenarbeit zugeschnitten, wobei sich hier psychologische und betriebswirtschaftliche Gestaltung berühren. Ähnliches gilt für die Gestaltung von *Entgeltsystemen*, die in der BWL ein eigenständiges Teilgebiet der Personalwirtschaftslehre bildet, in der Arbeitspsychologie trotz ihrer vielfältigen psychologischen Aspekte aber eher ein Randgebiet darstellt (vgl. jedoch z.B. Ulich, 2005). In Gruppenarbeitskonzepten wird ferner die Bedeutung des *sozialen* Rahmens, etwa Aspekte der Führung und Kooperation, besonders deutlich, die jedoch wie erwähnt eher in der Organisationspsychologie untersucht werden.

Arbeitszeit. Besondere Erwähnung verdient im Rahmen der Arbeitspsychologie die Gestaltung der Arbeitszeit. Grundsätzlich ist dabei zu unterscheiden zwischen der Dauer (*Chronometrie*) und der Lage (*Chronologie*) der Arbeitszeit (z.B. Kleinmann, 1999) sowie zwischen Tages-, Wochen-, Jahresbis hin zur Lebensarbeitszeit. Hinsichtlich dieser Gestaltungsparameter wurden in den letzten Jahrzehnten zahlreiche Vorschläge zur Variation des klassischen starren Arbeitszeitmodells (Vollzeitstelle zu festgelegten, wiederkehrenden Arbeitszeiten von Montag bis Freitag über die gesamte Lebensarbeitszeit) bzw. zur *Arbeitszeitflexibilisierung* vorgelegt (vgl. im Überblick z.B. Ulich, 2005). Dieser Trend steht in engem Zusammenhang mit dem

3.3 Arbeitsgestaltung

Wandel der Arbeitswelt (z.B. die Einrichtung von Telearbeitsplätzen, die Produktivitätssteigerung im globalen Wettbewerb, die Vereinbarkeit von Beruf und Familie; vgl. Abschn. 2.4). Die Ziele der Flexibilisierung sind vielfältig und reichen von Kosteneinsparungen über die Beschäftigungssicherung und die Erleichterung von Qualifizierungsmaßnahmen bis zur Anpassung an individuelle Bedürfnisse und Lebenspläne der Arbeitnehmer. Unter dem Gesichtspunkt der Intensität der Nutzung gehört ferner z.b. die Gestaltung von *Erholungspausen* zu den klassischen Themen der Arbeitswissenschaften (vgl. Kap. 2).

3.3.3 Gestaltung der Arbeitsmittel

Ein Teilgebiet, das aufgrund seiner engen Anbindung an technische und physiologische Disziplinen der Arbeitswissenschaften eine Sonderstellung innerhalb der AO-Psychologie einnimmt, ist die Ingenieurpsychologie, deren Gegenstände auch unter den mehr oder weniger synonym gebrauchten Begriffen Ergonomie, Human Factors oder Mensch-Maschine-Interaktion (MMI) untersucht werden. Grundlagen, Methoden und Erkenntnisse der Ergonomie sind äußerst vielschichtig und können, mehr noch als andere Teilgebiete, in diesem Text nur angedeutet werden (einführend bei Zimolong, 2006; ausführlicher zu den unten genannten Themen in den weiteren Beiträgen im selben Band). Zudem reicht die Anwendung ergonomischer Erkenntnisse weit über die Arbeitswelt hinaus (z.B. kommt es für die Gestaltung der Benutzeroberfläche eines Navigationssystems nicht entscheidend darauf an, ob dieses in ein gewerblich oder privat genutztes Fahrzeug eingebaut wird). Im Kern geht es um die Anwendung psychologischen Wissens auf die Schnittstelle zwischen Mensch und Technik, in der Arbeitswelt also vor allem um die Gestaltung an technische Hilfsmittel wie Werkzeuge, Maschinen oder Software gebundener Aufgaben sowie dieser Arbeitsmittel selbst (wozu z.B. auch Büromöbel gehören) und der physischen Arbeitsumgebung in menschengerechter Form.

Zimolong (2006) unterscheidet bei den ingenieurpsychologischen Anwendungen zwischen *mikro-* und *makropsychologischen* Verfahren. Letztere beschäftigen sich mit komplexen sozio-technischen Systemen und gestalten dort z.B. die Funktionsteilung zwischen Mensch und Maschine (u.a. unter dem Gesichtspunkt, welche Aufgaben besser von Menschen oder von Maschinen erfüllt werden) oder die Prozesssteuerung und -überwachung (z.B. der Prozesse in einem Chemie- oder Atomkraftwerk). Die gebrauchstaugliche und benutzerfreundliche Gestaltung der Arbeitsmittel selbst ist Gegenstand mikropsychologischer Techniken.

Die Schwerpunkte ingenieurpsychologischer Forschung haben sich dabei durch die Verbreitung der Mikroprozessortechnologie und die dadurch ermöglichte Entwicklung dialogfähiger Mensch-Maschine-Schnittstellen grundlegend verändert. In früheren ergonomischen Arbeiten ging es vor allem um die Einwirkung von Merkmalen der Gestaltung von Arbeitsmitteln auf physiologische Parameter etwa des Bewegungsapparats oder des Sinnessystems und im Weiteren um deren allgemeinpsychologische Auswirkungen. Zu den klassischen Themen gehört z.b. die Vermeidung von Fehlern bei der Informationsverarbeitung (deren Theorie eine wesentliche Grundlage der Ingenieurpsychologie darstellt, z.b. Rasmussen, 1986) durch mangelhafte Signalerkennung oder die Daueraufmerksamkeitsbelastung bei gleichförmigen Tätigkeiten (Vigilanzproblem), oder die Vermeidung von Gesundheitsschäden durch Orientierung an Erkenntnissen der Anthropometrie und Biomechanik. Ferner ging und geht es bis heute, wie schon bei Taylor (1911; vgl. Bsp. 2.1) in dessen „Wissenschaft des Schaufelns", um die Optimierung der Effizienz bei der Arbeitsausführung. Durch die Dialogfähigkeit moderner Benutzerschnittstellen rückt auch die Möglichkeit der Interaktion zwischen Mensch und Maschine stärker in den Blickpunkt. Ironischerweise kann die Steuerung durch Mikroprozessoren aber auch zu einer Dehumanisierung führen, indem in einem *technozentrischen* Ansatz für Menschen lediglich eine Funktion als Lückenbüßer für nicht automatisierbare Aufgaben verbleibt. Hacker (2005) und Ulich (2005) stellen Ansätze dar, die dem *anthropozentrische* (vom Menschen ausgehende) Gestaltungsprinzipien gegenüberstellen.

3.4 Folgen der Arbeit

Die psychologischen Konsequenzen der Gestaltung von Arbeitsmerkmalen sind vielfältig und liegen auf sehr unterschiedlichen Ebenen. In den meisten Fällen sind diese Folgen jedoch multifaktoriell bedingt; neben Merkmalen

3.4 Folgen der Arbeit

der Arbeitsaufgaben und -bedingungen bilden individuelle und soziale Faktoren sowie Bedingungen außerhalb der Arbeitssituation weitere Ursachenkomplexe. Es wäre daher überraschend, wenn ein einzelnes personales (z.b. Intelligenz) oder situatives (z.b. Tätigkeitsspielraum) Merkmal den Großteil der Varianz in einem Kriterium wie z.B. beruflicher Leistung aufklären würde. Die empirisch meist beobachteten moderaten Zusammenhänge sind daher keineswegs so „enttäuschend" wie in manchen Darstellungen zu lesen ist. Aufgrund der multifaktoriellen Bedingtheit ist auch die Zuteilung der abhängigen Variablen zu einzelnen Teilgebieten der AO-Psychologie nicht immer frei von einer gewissen Willkür. Eingebürgert hat sich die Zuordnung der individuellen Leistung zur Personalpsychologie (vgl. Kap. 4) sowie von Gruppenleistungen, aber auch der Arbeitsmotivation und der damit theoretisch eng verbundenen Arbeitszufriedenheit, zur Organisationspsychologie (Kap. 5). Eher in den Bereich der Arbeitspsychologie fallen die Untersuchung von *Fehlbeanspruchungen* und deren gesundheitlichen Folgen, die Vermeidung von *Fehlern* und *Arbeitsunfällen* sowie Wechselwirkungen zwischen Arbeit und „Nichtarbeit" im Zusammenhang mit *Arbeitslosigkeit* und der Vereinbarung von Beruf und Privatleben (*Work Life Balance*). Auf diese Bereiche wird in den folgenden Unterabschnitten eingegangen.

3.4.1 Fehlbeanspruchungen und Arbeitsgesundheit

Nach der Definition der Weltgesundheitsorganisation (WHO, 1948, S.1) ist Gesundheit „ein Zustand des vollständigen körperlichen, geistigen und sozialen Wohlergehens und nicht nur das Fehlen von Krankheit oder Gebrechen". Arbeit kann sich auf die physische und psychische Gesundheit förderlich, aber auch auf vielfältige Weise negativ auswirken. Eines der wichtigsten und umfangreichsten Teilgebiete der Arbeitspsychologie beschäftigt sich mit der Untersuchung *psychischer Fehlbeanspruchungen* einschließlich deren Ursachen und Folgen. Zu unterscheiden sind dabei zunächst die Begriffe Belastung und Beanspruchung. Unter *Belastungen* werden allgemein von außen auf den Menschen einwirkende Faktoren verstanden, unter *Beanspruchung* dagegen deren Auswirkungen auf den Menschen (Rohmert & Rutenfranz, 1975). Im Prinzip entspricht dies der Unterscheidung zwischen Reizen und Reaktionen, wobei sich die Komplexität der tatsächlichen Wechsel- und Rückwirkungen jedoch nicht angemessen durch ein einfaches Reiz-Reaktionsschema beschreiben lässt (s.u.). Kaufmann, Pornschlegel und Udris (1982) unterscheiden Beanspruchungen weiter nach kurz- und mittel- bis langfristigen Reaktionen sowie als Arten der Beanspruchung die Kategorien physiologisch-somatische Reaktionen, psychisches Erleben und schließlich das individuelle und soziale Verhalten. Eine Taxonomie von Belastungsfaktoren haben z.b. Richter und Hacker (1998) vorgelegt.

Arten von Fehlbeanspruchungen. Nach Ursachen, Symptomen und Auswirkungen lassen sich in einer Differenzialdiagnostik verschiedene Arten von Fehlbeanspruchungen unterscheiden (z.B. Richter & Hacker, 1998). Stets entstehen Fehlbeanspruchungen jedoch durch ein Missverhältnis von individuellen Leistungsvoraussetzungen auf der einen Seite und Anforderungsmerkmalen der Arbeit auf der anderen Seite. *Fehlanforderungen* können nicht nur durch Über-, sondern auch durch Unterforderung entstehen, und zwar jeweils in qualitativer und quantitativer Hinsicht. Ein zu schnell getaktetes Fließband kann z.b. gleichzeitig quantitativ überfordern und qualitativ (unter dem Aspekt einer vollständigen Tätigkeit; s. Abschn. 3.1) unterfordern, während etwa die Überwachung eines komplexen Systems in einem Kraftwerksleitstand phasenweise durch Reizarmut quantitativ unterfordern, aber in kritischen Situationen qualitativ überfordern kann. In beiden Fällen kann der Aspekt der Unterforderung zum Erleben von *Monotonie* führen, wenngleich mit recht unterschiedlichen Folgen. Länger anhaltende quantitative Überforderung führt dagegen zu *psychischer Ermüdung*. Zwar sind sowohl Monotonie als auch Ermüdung mit müdigkeitsbedingtem Leistungsabfall verbunden, bei Ermüdung führt die Steigerung des Arbeitstempos aber zur Vergrößerung des Problems (notwendig sind Erholungspausen), während dies bei Monotonieerleben das Problem reduzieren helfen kann. Eine noch ernstere Fehlbeanspruchung ist *psychische Sättigung*, die in erster Linie durch mangelnde Sinnhaftigkeit der Tätigkeit entsteht, sich in starkem Widerwillen äußert und nach gravierender Veränderung bzw. Wechsel der Tätigkeit verlangt. Unter *Burnout* versteht man ein ursprünglich besonders in Helferberufen beobachtetes (jedoch später auf andere Berufe erweitertes) komplexes Syndrom, das durch lang anhaltende, starke (insbesondere emotionale) Überforderung entsteht und sich v.a. in tiefer Erschöpfung, aber

3.4 Folgen der Arbeit

auch in der Entfremdung (Depersonalisation) von Menschen und Arbeitsaufgaben und in dauerhaftem Leistungsabfall äußert. Von dem nachfolgend dargestellten Stresskonzept unterscheidet sich Burnout eher graduell, vor allem durch die außerordentliche Dauer und Schwere der Symptome sowie durch die Tatsache, dass von Burnout besonders häufig ursprünglich hoch motivierte Mitarbeiter betroffen sind (vgl. z.B. Schaufeli & Buunk, 2003).

Definition von Stress. Stress ist diejenige psychische Fehlbeanspruchung[2], der (vermutlich nicht nur) in der Fachwelt die größte Aufmerksamkeit zukommt. Ganze Fachzeitschriften sind allein diesem Thema gewidmet (vgl. Kap. 1). Stress entsteht durch als extrem bedrohlich erlebte Über- oder (seltener) Unterforderung ohne Ausweich- oder Lösungsmöglichkeit und kann sich in sehr vielfältigen psychophysiologischen Reaktionen äußern. Besonders kennzeichnend ist jedoch die negative emotionale Bewertung (vgl. Richter & Hacker, 1998); der Alltagsgebrauch des Wortes („Ruf später noch mal an, ich bin gerade im Stress.") trifft diese Qualität sicher nicht sehr gut. Gleichzeitig engt dies den Stressbegriff auf einen als aversiv erlebten Spannungszustand (Distress) ein, dem der Physiologe Hans Selye ein als angenehm empfundenes Missverhältnis von Anforderungen und Voraussetzungen (Eustress) gegenüberstellte (vgl. Zapf & Semmer, 2004).

Stresstheorien. Theoretische Stresskonzepte lassen sich u.a. danach einteilen, ob sie sich vorwiegend auf äußere Reize und moderierende Bedingungen, auf die dadurch ausgelösten Reaktionen oder auf den gesamten Prozess der kognitiven Verarbeitung konzentrieren (vgl. im Überblick Zapf & Semmer, 2004). In den Bereich der reaktionsorientierten Konzepte gehören die wohl ältesten Stresstheorien. Am bekanntesten ist das von Selye (1953) ursprünglich in den 1930er Jahren entwickelte *Allgemeine Adaptationssyndrom* (AAS), das Stress als Anpassungsreaktion des Körpers auf (unspezifische) Bedrohungen beschreibt, die sich in drei Phasen (Alarm, Widerstand, Erschöpfung; vgl. einführend z.B. Richter & Hacker, 1998) vollzieht. Aus psychologischer Sicht sind das AAS und andere physiologische Reaktions-

---

[2] Stress wird hier als komplexes Beanspruchungskonzept (Reaktion) verstanden, während im Englischen (und auch in der Norm ISO 10075) „stress" allgemein für äußere Belastungen steht, für (unspezifische) Beanspruchung dagegen der Begriff „strain". Davon unbenommen geht es in der Stressforschung auch international i.d.R. um Stress in dem im Text definierten Sinn. Die auslösenden Bedingungen heißen nach diesem Verständnis Stressoren („stressors").

konzepte u.a. deshalb unbefriedigend, weil sie inter- und intraindividuelle Unterschiede in der Stressbewältigung nicht erklären können. Zu den (zu) einfachen reizorientierten Ansätzen gehört etwa die klassische *Life-Event-Forschung*, in der versucht wurde, den Belastungswert kritischer Lebensereignisse unabhängig von inneren und äußeren Randbedingungen auf einer standardisierten Punkteskala zu bewerten. Moderne Stresskonzepte untersuchen dagegen eher die Interaktion zwischen äußeren Belastungen und den zu deren Bewältigung verfügbaren *Ressourcen* in der Person oder der Arbeitssituation. Dazu zählen u.a. *handlungstheoretische Stresskonzepte* und das Modell des *Person-Environment-Fit* (P-E-Fit), bei dem es um die Analyse der Übereinstimmung zwischen situativen Anforderungen und individuellen Fähigkeiten und Bedürfnissen geht (vgl. Zapf & Semmer, 2004; P-E-Fit-Modelle werden uns auch noch in den nachfolgenden Kapiteln beschäftigen). Auf eine relativ spezifische Ressource innerhalb der Person, nämlich das sog. Kohärenzerleben, konzentriert sich das Konzept der *Salutogenese* (Entstehung von Gesundheit, Antonovsky, 1997), das der „Positiven Psychologie" zuzurechnen ist und die aktive Suche nach Wohlbefinden gegenüber negativen Affekten betont. Allerdings ist das Konstrukt des Kohärenzerlebens nur schwer von anderen *personalen Ressourcen* wie Selbstwirksamkeit, Selbstwertgefühl, internaler Kontrollüberzeugung, Resilienz oder „hardiness" zu unterscheiden (s. Zapf & Semmer, 2004). Eine weitere einflussreiche Stresstheorie, in deren Mittelpunkt eine *situative Ressource* steht, ist das *Demand-Control-Modell* von Karasek und Theorell (1990). Danach können die negativen Auswirkungen von Stressoren insbesondere durch eine Erweiterung des Tätigkeitsspielraums aufgefangen werden. Neben individuellen Dispositionen und Aufgabenmerkmalen spielen für die Stressbewältigung aber auch *soziale Ressourcen* eine wichtige Rolle (im Überblick Zapf & Semmer, 2004).

Eine Prozesstheorie, die noch immer das wohl umfassendste Stressmodell überhaupt darstellt, ist die *Transaktionale Stresstheorie* (Lazarus, 1966; s. Abb. 3.5). Lazarus beschreibt Stress als Prozess der emotionalen Bewertung (appraisal). Wird die Situation als grundsätzlich belastend eingeschätzt, erfolgt primär eine Bewertung der Folgen als bereits eingetretene Schädigung, als deren Antizipation (Bedrohung) oder als zwar risikoreiche, aber eher positiv besetzte Chance (Herausforderung). Die sekundäre Bewertung muss keineswegs zeitlich nachgeschaltet sein, bezieht sich jedoch auf die

3.4 Folgen der Arbeit

individuellen Fähigkeiten und situationsbedingten Möglichkeiten (z.B. Zeit, soziale Unterstützung) zur Bewältigung (coping). Unter Abwägung dieser Bewertungen erfolgt die tatsächliche emotionale (palliative) bzw. problemlösungsbezogene (instrumentelle) Reaktion, die im Fall einer günstigen Einschätzung in der direkten Konfrontation des Problems besteht, bei pessimistischer Prognose entweder im Ausweichen (Flucht) oder der intrapsychischen Bewältigung (z.B. Bagatellisierung). Auf der Grundlage des eingeschätzten Erfolgs der Bewältigung erfolgt eine Neubewertung der Situation (im Erfolgsfall als weniger bedrohlich), wobei dieser Zyklus mehrfach durchlaufen werden kann.

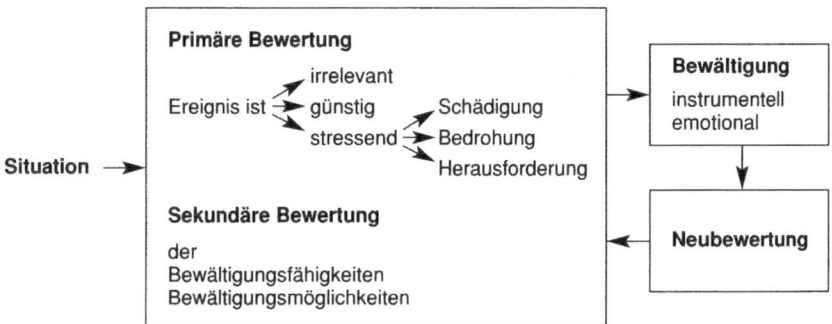

Abbildung 3.5: Transaktionales Stressmodell nach Lazarus (aus Zapf & Semmer, 2004)

Das transaktionale Modell hat die Stressforschung u.a. bei der Klassifikation und Untersuchung der Wirkung von individuellen *Coping-Strategien* und von betrieblichen *Präventionsmöglichkeiten* beeinflusst. So wurde etwa ein emotionaler Bewältigungsstil, neben anderen individuellen Merkmalen (z.B. Misstrauen, Typ-A-Verhalten), als Risikofaktor für Stresserleben und dessen gesundheitliche Folgen untersucht. Ein aufgabenbezogener Risikofaktor, der in jüngerer Zeit starkes Interesse in der Forschung findet, ist die sog. *Emotionsarbeit* in Dienstleistungsberufen. Darunter wird die Steuerung von Emotionen und deren Ausdruck v.a. im Kundenkontakt verstanden, wobei Stress besonders durch die Dissonanz zwischen erlebten und durch die Aufgabe geforderten Emotionen entstehen kann. Auf der Seite langfristiger *Beanspruchungsfolgen* wurde Stress in Verbindung mit teils schwerwiegenden Problemen somatischer (z.B. Bluthochdruck), emotionaler (z.B. Depressionen) und verhaltensmäßiger (z.b. Suchtverhalten, Absentismus und Kündigung) Natur gebracht (zu all dem im Überblick Zapf & Semmer, 2004).

3.4.2 Fehlhandlungen und Arbeitssicherheit

Obwohl die Zahl der Arbeitsunfälle mit gravierenden Folgen seit Jahren kontinuierlich zurückgeht, bleibt der Arbeitsschutz ein wichtiges (multidisziplinäres) Thema der Arbeitswissenschaften. Für 2007 berichtet die Bundesanstalt für Arbeitsschutz und Arbeitsmedizin (BAuA, 2009) ca. 1,06 Millionen meldepflichtige Arbeitsunfälle, davon endeten 812 tödlich. Beide Statistiken verzeichnen in etwa eine Halbierung der Fallzahlen seit 1992. Aus Sicht der Arbeitspsychologie interessiert insbesondere die Gefährdungsanalyse hinsichtlich *personengebundener, organisatorischer* und (unter ergonomischen Aspekten) *technischer* Ursachen sowie die darauf aufbauende Ableitung von *Präventionsmaßnahmen* (s. z.b. Nerdinger et al., 2008). Das berühmte „menschliche Fehlverhalten" ist dabei als Erklärung i.d.R. zu eindimensional, da Unfälle meist durch die Verkettung mehrerer Ursachen entstehen. Ebenfalls zu einseitig ist die alleinige Erklärung durch individuelle Dispositionen; jedoch ist der Zusammenhang von Unfallhäufigkeiten mit stabilen Persönlichkeitsmerkmalen (etwa mit geringer Verträglichkeit) empirisch gut belegt (Clark & Robertson, 2005). Auf Seiten der Organisation und der Arbeitsbedingungen wirkt sich insbesondere Zeit- und Leistungsdruck negativ aus, positiv dagegen die Entwicklung einer *Sicherheitskultur* durch u.a. die Definition von Sicherheit als oberste Priorität, individuelle Verantwortlichkeit und kontinuierliche Lernprozesse (einführend dazu Nerdinger et al., 2008).

Arbeitsunfällen gehen häufig (ihrerseits wiederum multifaktoriell bedingte) Fehler voraus, deren Untersuchung ein weiteres traditionelles Forschungsgebiet der Arbeitspsychologie darstellt (z.B. Hacker, 2005). Man unterscheidet hier u.a. zwischen *Fehlern* als durch Funktionsstörung bedingtes Versagen bei eigentlich beherrschten Handlungen und *Irrtümern*, die durch mangelnde Kenntnisse entstehen. Darüber hinaus wurden unterschiedliche Fehlerklassifikationen und -Modelle vorgeschlagen. Eine handlungstheoretisch fundierte Klassifikation nach Fehlern aufgrund objektiv fehlender, nicht oder falsch genutzter Information stellt z.B. Hacker (2005) vor. Eine Informationsverarbeitungstheorie ist dagegen das *Generic-Error-Modeling-System* (GEMS)-Modell (Reason, 1990), nach dem Fehler im Prozess auf der Ebene der Anwendung von Fertigkeiten (Ausrutscher, Versehen), Regeln bzw. Handlungsschemata (Verwechslung, Erkennensfehler) und des Wissens (Denk-, Urteilsfehler) entstehen können. Zur Fehlerbekämpfung schlägt Hacker (2005) ein kombiniertes Vorgehen aus Maßnahmen der Arbeitsgestaltung, Trainings und Personalauswahl vor, das an den für die Fehlerarten jeweils als wesentlich erkannten Ursachenkomplexen ansetzt. Ferner zählt die Fehlerprävention zu den wichtigsten Zielen bei der Gestaltung von Mensch-Maschine-Schnittstellen (vgl. Abschn. 3.3.2).

3.4.3 Arbeit und Nicht-Arbeit

Arbeitslosigkeit. Die über die Bestreitung des Lebensunterhalts hinausgehenden Funktionen der Erwerbsarbeit werden insbesondere dann deutlich, wenn Arbeit längere Zeit fehlt. Bereits die Marienthal-Studie (s. Kap. 2) zeigte die Folgen der Arbeitslosigkeit für das individuelle und soziale Verhalten und Erleben. Semmer und Udris (2004) nennen als psychosoziale Funktionen der Arbeit die Aspekte (1) Aktivität und Kompetenz, (2) Zeitstrukturierung, (3) Kooperation und Kontakt, (4) soziale Anerkennung sowie (5) die Entwicklung der persönlichen Identität (s.a. Abschn. 3.2). Die *Arbeitslosenforschung* zeigt eindeutig negative Auswirkungen der Arbeitslosigkeit auf verschiedene Indikatoren der psychischen Gesundheit und des Wohlbefindens (z.B. Angst, Depressivität, Selbstwert), die u.a. von der Dauer der Arbeitslosigkeit, dem Geschlecht (Männer sind, vermutlich aufgrund des Rollenverständnisses, stärker betroffen) und wirtschaftlichen Rahmenbedingungen abhängen (Paul & Moser, 2009).

Work Life Balance. Jedoch arbeiten auch Berufstätige nicht ununterbrochen. Ein psychologisches Problem, mit dem sich die AO-Psychologie in den letzten Jahren intensiv beschäftigt hat, ist die Vereinbarkeit von Beruf und Privatleben sowie Wechselwirkungen zwischen beiden Bereichen. Häufig geschieht dies unter dem populären Stichwort *Work Life Balance* (WLB), das jedoch in manchen Darstellungen bewusst vermieden wird (z.B. Geurts & Demerouti, 2003). Auf diesen Themenbereich wurden u.a. klassische Rollen- und Stresstheorien angewandt bzw. adaptiert (Geurts &

Demerouti, 2003). Konkurrierende Hypothesen besagen, dass die Bereiche Beruf und Privatleben negativ bzw. manchmal auch positiv in den jeweils anderen Bereich hineinwirken (spillover), oder Defizite in einem Bereich durch den anderen aufgefangen werden können (compensation) oder beide weitgehend isoliert nebeneinander existieren (segmentation). Zumindest letztere Hypothese lässt sich schwer mit empirischen Befunden vereinbaren, nach denen die Zufriedenheit mit der Arbeit wie auch dem Leben allgemein sinkt, je ausgepägter der Konflikt zwischen Beruf und Familie wahrgenommen wird, wobei dies Frauen tendenziell stärker betrifft (zusammenfassend Levy, 2006; vgl. zu weiteren Forschungsergebnissen Geurts & Demerouti, 2003).

Weiterführende Literaturempfehlungen

Franke-Diel, I. (in Vorbereitung). *Arbeitspsychologie*. Wiesbaden: VS Verlag für Sozialwissenschaften.

Hacker, W. (2005). *Allgemeine Arbeitspsychologie* (2. vollst. überarb. und erg. Aufl.). Bern: Huber. (anspruchsvolle Lektüre!).

Ulich, E. (2005). *Arbeitspsychologie* (6. überarb. u. erw. Aufl.). Stuttgart: Schäffer-Poeschel. (insbes. Kap. 2, 3, 4 und 7).

Zapf, D. & Semmer, N. K. (2004). Stress und Gesundheit in Organisationen. In H. Schuler (Hrsg.) *Organisationspsychologie – Grundlagen und Personalpsychologie. Enzyklopädie der Psychologie. D/III/3* (S. 1007-1112). Göttingen: Hogrefe.

4 Personalpsychologie

I'd have to say that my best business decisions have had to do with picking people.

Bill Gates

Personal gilt auch unter wirtschaftlichen Gesichtspunkten als die wichtigste Ressource und ein entscheidender Wettbewerbsfaktor für Unternehmen (s. Kap. 1). Im Personalbereich größerer Unternehmen kooperieren (und konkurrieren) Psychologinnen insbesondere mit Juristinnen und Betriebswirtinnen; in kleineren Betrieben wird die Personalarbeit oft „vom Chef nebenbei erledigt". Trotz der unbestreitbaren Bedeutung der Nachbardisziplinen sind viele Gestaltungsaufgaben im Personalbereich genuin psychologischer Natur. Das gilt insbesondere für die drei Kernbereiche der Personalpsychologie: *Personalauswahl* (einschließlich Rekrutierung), *Personalbeurteilung* (wozu auch das Verständnis des Leistungskonstrukts gehört) und *Personalentwicklung*. Eine wichtige Grundlage bildet in allen Fällen die bereits im vorigen Kapitel (Abschn. 3.2) angesprochene *Anforderungsanalyse*. Bevor diese Teilgebiete im Einzelnen dargestellt werden, folgt ein kurzer Exkurs zu einigen mit der Personalpsychologie eng verbundenen Themen der *Berufspsychologie*.

4.1 Berufsinteressen, Berufswahl und Berufslaufbahn

Im Unterschied zu Stellen oder Jobs (vgl. Abschn. 3.1) sind *Berufe* i.d.R. nicht an einen bestimmten Betrieb oder Arbeitgeber gebunden (von Ausnahmen wie Berufssoldat oder katholischer Priester abgesehen). Obwohl der Wandel der Arbeitswelt auch mit einer immer schnelleren Veränderung und dem Verschwinden ganzer Berufsbilder verbunden ist, ist die Entscheidung für einen bestimmten Beruf auf Dauer angelegt und für nicht Wenige die wichtigste Entscheidung im Leben (vgl. Nerdinger et al., 2008). Sie bestimmt sehr weitgehend individuelle Lebensverhältnisse, Zufriedenheit und nicht zuletzt das soziale Prestige. Hier rangiert übrigens laut regelmäßigen Umfragen der Beruf des Arztes in Deutschland weit vor allen anderen (inkl. Hochschulprofessoren, Institut für Demoskopie Allensbach, 2008).

Entwicklungspsychologische Theorien. Berufswahl und berufliche Entwicklung gehören zu den wenigen Teilgebieten der AO-Psychologie, die schwerpunktmäßig auf entwicklungspsychologische Grundlagen zurückgreifen. Eine klassische Theorie der Berufslaufbahn, die sich über (fast) die ganze Lebensspanne erstreckt, stammt ursprünglich von Super (1953) und wurde zuletzt u.a. von Savickas (2005) zu einer *Theorie der Laufbahnkonstruktion* weiterentwickelt. Super und Kollegen unterscheiden dabei die Phasen des Wachstums, der Exploration, der Etablierung, der Erhaltung und schließlich des Rückzugs, die jeweils mit bestimmten Aufgaben verbunden sind und sich typischerweise in bestimmten Alterskategorien zutragen, wobei Eintritt und Verlauf der Phasen variieren kann (vgl. Bergmann, 2004). Neben diesen Phasen sind die Bausteine der Laufbahnkonstruktion nach Savickas die Entwicklung einer *beruflichen Persönlichkeit* (im Sinne von Eigenschaften und überdauernden Interessen, s.u.), die Berufswahl als Ausdruck eines *Lebensthemas* (im Sinne eines identitätsstiftenden Selbstkonzepts) sowie die *Laufbahnanpassung*, bei der Individuen durch Einstellungen und Verhaltensweisen die Passung zwischen sich selbst und ihrer beruflichen Umgebung steuern.

Einige neuere Laufbahnkonzepte beschäftigen sich dagegen mit den Auswirkungen der veränderten Arbeitswelt auf die Entwicklung während der eigentlichen Berufslaufbahn im Erwachsenenalter. Dabei geht es im Kern darum, wie Arbeitnehmer mit der zunehmenden Instabilität von Beschäftigungsverhältnissen umgehen können. Unabhängig von einer bestimmten Organisation besteht nach Konzepten der *entgrenzten Laufbahn* (boundaryless career) und verwandten Ansätzen die Anforderung an Arbeitnehmer, durch die Entwicklung von Netzwerken und Qualifikationen ihre Arbeitsmarktchancen (employability) zu entwickeln und erhalten (einführend Nerdinger et al., 2008).

Persönlichkeitspsychologische Theorien. Die eher persönlichkeitstheoretische Seite der Passung von Person und beruflicher Umwelt (P-E-Fit,

4.1 Berufsinteressen, Berufswahl und Berufslaufbahn

s. Abschn. 3.4.1) steht im Mittelpunkt mehrerer weiterer einflussreicher Berufswahltheorien (zusammenfassend Bergmann, 2004). Die wohl bei weitem prominenteste darunter wurde zuerst 1959 von Holland (aktuell 1997) vorgestellt. Holland beschreibt darin eine Typologie *beruflicher Interessen* (zu historischen Vorläufern vgl. Kap. 2), die nach ihrem Akronym auch als *RIASEC-Modell* bekannt geworden ist (Abb. 4.1). Nach den gleichen Dimensionen wie die Person durch ihre Interessen lassen sich nach Holland auch berufliche Umwelten beschreiben und auf diese Weise die Passung zwischen Person und Umwelt synthetisch (d.h. mittels unabhängiger Messung von Person und Umwelt) bestimmen. Dabei besitzen sowohl Person als auch Umwelt unterschiedliche Ausprägungen auf den sechs Dimensionen. Deren hexagonale Anordnung in Abb. 4.1 repräsentiert die relative Ähnlichkeit der Merkmale. Hollands Modell dürfte, insbesondere für Anwendungen in der Berufsberatung, die weltweit einflussreichste berufspsychologische Theorie sein, war jedoch hinsichtlich ihres Erklärungswerts und methodischer Probleme auch Gegenstand fundamentaler Kritik (z.B. Tinsley, 2000).

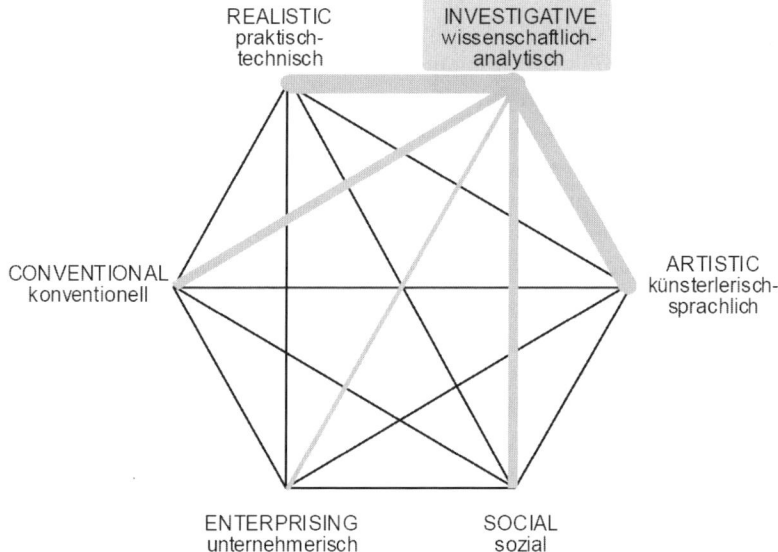

Abbildung 4.1: RIASEC-Modell beruflicher Interessen nach Holland (1997)

4.2 Anforderungsanalyse

Wie bereits erwähnt (Abschn. 3.2) hängen die Analyse der Arbeitsaufgaben und der Anforderungen eng zusammen, auch wenn deren Funktionen sich unterscheiden. Im Rahmen der Personalarbeit, aber auch bspw. in der Berufsberatung, bildet die Kenntnis der Aufgaben und der daraus abgeleiteten Anforderungen eine wesentliche Grundlage für sämtliche in den nachfolgenden Abschnitten dargestellten Maßnahmen. Das gilt auch dann, wenn auf eine explizite Anforderungsanalyse verzichtet wird. Ohne eine zumindest implizite Vorstellung davon, welche Verhaltensweisen und Personmerkmale an einem Arbeitsplatz maßgeblich sind, können z.b. weder Stellenanzeigen formuliert, noch Bewerber ausgewählt, noch Mitarbeiter für bestimmte Aufgaben geschult, noch deren Leistung letztlich beurteilt werden. Die Frage ist also eigentlich nicht, ob Anforderungen analysiert werden sollen, sondern in welcher Form dies geschieht. Die Psychologie stellt dafür Taxonomien potentiell relevanter Merkmale sowie ein Instrumentarium systematischer Verfahren zur Verfügung, deren Verwendung gegen (meist weniger oder gar nicht fundierte) Alternativen abzuwägen ist.

Anforderungsbegriff. Unter dem Begriff Anforderung werden Merkmale der arbeitenden Person verstanden, die aus den Arbeitsaufgaben abgeleitet werden und für deren Bewältigung bedeutsam sind. Nach einer international gebräuchlichen Klassifikation lassen sich diese Merkmale auf einer sehr allgemeinen Ebene zunächst weiter nach sog. *KSAOs (knowledge, skills, abilities, other characteristics)* differenzieren. Dabei gehören zur Wissenskomponente (knowledge) sowohl deklaratives (Gewusst was?; z.B. Materialkunde) als auch prozedurales (Gewusst wie?; z.B. Vorgehen bei der Qualitätskontrolle) Wissen; unter Fertigkeiten (skills) wird dagegen die praktische Beherrschung der Elemente einer Tätigkeit verstanden. Wissen und Fertigkeiten sind relativ aufgabenspezifische Personmerkmale, die entweder vor oder während der Ausübung der Tätigkeit erlernt werden müssen und können. Als Fähigkeiten (abilities) werden dagegen relativ stabile kognitive oder psycho-motorische Dispositionen (z.B. allgemeine Intelligenz, manuelle Geschicklichkeit) bezeichnet. In der Mischkategorie „sonstige Merkmale" (other characteristics) werden nicht fähigkeitsbezogene stabile Dispositionen zusammengefasst, darunter insbesondere Persönlichkeitseigenschaften, aber auch berufliche Interessen oder generelle Motive und Werthaltungen. Zwischen erlernbaren (KS) und dispositiven (AO) Anforderungen besteht insofern ein sequenzielles Verhältnis als letztere i.d.R. als Grundlage für den erfolgreichen Erwerb ersterer angesehen werden.

Anforderungsanalytische Verfahren. Die eigentliche Anforderungsanalyse kann grundsätzlich eher erfahrungsgeleitet-intuitiv oder empirisch erfolgen (vgl. z.B. Nerdinger et al., 2008), wobei die Übergänge in der Praxis fließend sind und häufig quantitativ-empirische mit intuitiven Elementen verbunden werden. Zu klären sind im Wesentlichen die folgenden drei Fragen:

(1) Woher stammen die Tätigkeitsmerkmale (z.B. Aufgabenelemente)? Die einzelnen Aufgabenelemente werden häufig im Rahmen einer Arbeits(aufgaben)analyse identifiziert (s. Abschn. 3.2). Ein konkret verhaltensbezogenes Verfahren ist ferner die *Methode der kritischen Ereignisse* (Flanagan, 1954), mit deren Hilfe häufig verhaltensnahe Instrumente der Personalauswahl und Leistungsbeurteilung entwickelt werden (s.u.), ohne das Verhalten in abstrakte KSAOs zu übersetzen. Mit rein *erfahrungsgeleiteten Verfahren* der Anforderungsanalyse ist dagegen die Umgehung des Schritts der Tätigkeitsanalyse gemeint, indem Berufsexperten (sog. *subject matter experts*, SMEs) die personbezogenen Merkmale direkt einschätzen.

(2) Woher stammen die Personmerkmale (KSAOs)? Hier kann entweder *deduktiv* vorgegangen werden, indem Tätigkeitsmerkmale auf den oben dargestellten allgemeinen Merkmalslisten eingeschätzt werden, oder *induktiv*, indem die relevanten Merkmale aus den Tätigkeiten abgeleitet werden. In beiden Fällen wird wiederum meist auf die Hilfe von SMEs zurückgegriffen, also auf Stelleninhaber oder sonstige Experten für die Berufspraxis (z.B. Ausbilder), die generell in der Arbeits- und Anforderungsanalyse die vielleicht wichtigste Datenquelle darstellen.

(3) Wie werden Tätigkeits- und Personmerkmale verbunden (Ausprägung der KSAOs im Anforderungsprofil)? Wie oben dargestellt existieren auch anforderungsanalytische Methoden, bei denen einer der beiden Merkmalsbereiche gewissermaßen umgangen wird. Für manche arbeitsanalytische Verfahren gibt es dagegen innerhalb des Instruments strukturierte Vorgehensweisen zur Umsetzung von Tätigkeiten und Rahmenbedingungen in Anforderungen. Ein allgemeineres, relativ einfaches Vorgehen, das auf der Arbeitsanalyse mittels sog. Aufgabeninventare (task inventories, s. Harvey, 1991) aufbaut, beschreibt die *Aufgaben-KSAO-Matrix* (s. Catano et al., 2005).

Darin werden die Verhaltensweisen bzw. Aufgaben (task statements) in den Zeilen der Matrix dargestellt, eine Merkmalsliste potenziell relevanter KSAOs in den Spalten, und es wird von SMEs für jede Zelle in der Matrix eingeschätzt, ob das jeweilige Personmerkmal für die jeweilige Aufgabe relevant ist. Bei *personbezogen-empirischen* Anforderungsanalysen wird dagegen auf das Prinzip der empirischen kriterienbezogenen Validierung (s. Abschn. 4.3.2) zurückgegriffen, indem Zusammenhänge zwischen KSAOs und Erfolgskriterien (z.B Leistung) empirisch ermittelt werden.

4.3 Personalmarketing und -auswahl

Selektion und Platzierung. Entscheidungstheoretisch ist bei der Personalauswahl zunächst zwischen externer und interner Besetzung zu unterscheiden. Bei interner Besetzung entsteht, sofern der gesamte Personalbestand zahlenmäßig unverändert bleibt, „technisch" gesehen ein Entscheidungsproblem der *Platzierung* bzw. Klassifikation. Von der Selektion unterscheidet sich dies u.a. insofern als es bei der Platzierung um die Optimierung der Passung zwischen Anforderungen und persönlichen Leistungsvoraussetzungen nicht nur bei einer, sondern simultan bei mehreren Stellen geht. Bei Platzierungsentscheidungen kann die beste Bewerberin für Stelle X bei der Stelle Y umso schmerzlicher vermisst werden, so dass eher die Form des Profils der Anforderungen über mehrere Stellen als deren Ausprägung bei einer Stelle zu betrachten ist. Inhaltlich entsteht durch interne Aufstiege oder Versetzungen ferner ein Bedarf an Personalentwicklung und deren Planung (s. Abschn. 4.5). Die Berufseignungsdiagnostik beschäftigt sich jedoch überwiegend mit der *Selektion* externer Bewerber.

Selektion und Attraktion. Die Gewinnung und die Auswahl von Personal sind zwei inhaltlich unterscheidbare Phasen in einem funktionell zusammenhängenden Prozess. Daran sind grundsätzlich zwei Parteien beteiligt, nämlich Bewerber und Organisation, deren jeweilige Perspektiven sich zur Unterscheidung der psychologischen Untersuchungsgegenstände in diesem Prozess heranziehen lassen (Marcus, 2009). Dabei sind für jede Seite zwei eng zusammenhängende, aber unterschiedliche Teilaufgaben zu lösen, nämlich die *Selektion* unter möglichen Bewerbern bzw. Organisationen und die *Attraktion* der Gegenseite, die ja ihrerseits auch eine Auswahl trifft. Die

4.3 Personalmarketing und -auswahl

Schwerpunkte der Aufgabenverteilung verschieben sich im Laufe des Prozesses für die Organisation tendenziell von der Attraktion hin zur Selektion, für die Bewerber umgekehrt von der Auswahl zur Attraktion. Dies wird deutlich bei der Wahl der Begriffe, mit denen die jeweiligen Teilgebiete in der Personalpsychologie bezeichnet werden: die erste Phase diskutiert man aus Sicht der Organisation i.d.R. unter dem Stichwort „recruitment" oder *Personalmarketing*, aus Sicht der Bewerber unter dem Begriff *Organisationswahl*. Der Begriff *Personalauswahl* bezeichnet in der zweiten Phase offensichtlich den Selektionsaspekt aus Sicht der Organisation, während für die Attraktionsaufgabe aus Bewerbersicht Marcus (2009) den Begriff *Selbstdarstellung* vorgeschlagen hat. Diese Perspektiven werden im Folgenden kurz beleuchtet.

4.3.1 Personalmarketing und Organisationswahl

Personalmarketing. Zu Beginn des Auswahlprozesses muss die Organisation in erster Linie einen quantitativ und qualitativ ausreichenden Bewerberpool generieren. Damit werden zwei für den Nutzen der Personalauswahl (s. Abschn. 4.3.2) wichtige Parameter gesteuert, nämlich durch die Quantität die *Selektionsquote* (Anteil der letztlich Ausgewählten), durch die Qualität die *Basisrate* (Anteil Geeigneter unter den Bewerbern). Personalmarketing lässt sich jedoch auch als Prozess beschreiben, der weit über die Rekrutierungsphase hinausreicht (Moser & Zempel, 2004). Für die Ansprache interner wie externer Bewerber steht eine Vielzahl von Methoden zur Verfügung, unter denen für externe Kandidaten die *informelle Ansprache*, die Gestaltung von *Stellenanzeigen* und neuerdings die Ansprache über das Internet (*e-recruitment*) am besten erforscht sind. Mit einer gewissen Konsistenz zeigen empirische Befunde, dass informelle gegenüber formellen Anspraché wegen mit höherer Wahrscheinlichkeit zur Bewerbung geeigneter Personen führt, wobei die Wahl der Anspráchewege stark branchen- und berufsabhängig ist (im Überblick Moser & Zempel, 2004). Im Interesse einer langfristigen Zusammenarbeit spricht aus Sicht der Organisation viel dafür, die ausgeschriebene Stelle nicht einseitig positiv, sondern ausgewogen darzustellen, was etwa mit dem Konzept der *Realistischen Tätigkeitsvorausschau* (Realistic Job Preview, RJP) realisiert werden kann (vgl. Catano et al., 2005).

Organisationswahl. Aus Sicht der Bewerber wurde eine Vielzahl von Merkmalen untersucht, die zu deren Entscheidung beitragen, sich für eine bestimmte Stelle bei einer bestimmten Organisation zunächst zu bewerben und dann ggf. ein Stellenangebot auch anzunehmen. Untersuchungen von Arbeitsplatzmerkmalen förderten teils komplexe Wechselwirkungen und individuell unterschiedliche Entscheidungsstrategien zutage, so dass einfache Aussagen über die Bedeutung bestimmter Merkmale wie Bezahlung, Entfernung, Arbeitsplatzsicherheit oder Image der Organisation schwerfallen (s. Moser & Zempel, 2004). Neben den etwa aus Marketingaktivitäten erkennbaren Stellenmerkmalen spielt es für die Attraktivität für und die Entscheidungen durch Bewerber auch eine Rolle, wie die Passung zur Stelle subjektiv wahrgenommen wird, wie sich Repräsentanten der Organisation im weiteren Verlauf verhalten oder z.b. welche Auswahlverfahren eingesetzt werden (z.B. Chapman, Uggerslev, Carroll, Piasentin & Jones, 2005). Eine wichtige eigenständige Theorie der (wechselseitigen) Auswahl und Anpassung von Bewerber und Organisation ist das *Attraction-Selection-Attrition (ASA-) Modell* von Schneider (1987). Nach dieser Theorie wählen sich beide Parteien vornehmlich nach wahrgenommener Ähnlichkeit aus und trennen sich bei später wahrgenommener Unähnlichkeit auch mit hoher Wahrscheinlichkeit wieder, so dass Organisationen auf die Dauer eine Tendenz zur Homogenisierung („Gravitation") aufweisen.

4.3.2 Personalauswahl aus Organisations- und Bewerbersicht

Im Mittelpunkt der Bewerberauswahl steht aus psychologischer Sicht weniger die Auswahlentscheidung als vielmehr der diagnostische Prozess, der diese Entscheidung begründet sowie insbesondere auch deren Evaluation (Validierung), weshalb dieses Teilgebiet auch als *Berufseignungsdiagnostik* bezeichnet wird (im Englischen jedoch meist als „personnel selection"). Das Interesse richtet sich dabei besonders auf eignungsdiagnostische Verfahren und deren empirische Prüfung (s.u.). Das Hauptziel aus Sicht der Organisation ist, Verfahren zu konstruieren und einzusetzen, die eine gültige Prognose beruflich relevanter Kriterien (insbesondere der Leistung, s. Abschn. 4.4) erlauben. Dabei können durchaus unterschiedliche Wege zum Ziel führen und es ist auch eine Reihe teils wichtiger Nebenziele zu beachten.

4.3 Personalmarketing und -auswahl

Es hat sich eingebürgert, als grundsätzliche Kategorien eignungsdiagnostischer Verfahren zwischen dem *konstruktorientierten* und dem *simulationsorientierten* Ansatz zu unterscheiden (Engl. „signs" vs. „samples", Wernimont & Campbell, 1968), in neueren deutschsprachigen Darstellungen noch ergänzt um *biografieorientierte* Verfahren der Personalauswahl (Schuler & Marcus, 2006).

Konstruktorientierte Verfahren. Beim konstruktorientierten Ansatz werden relativ stabile, nicht situationsspezifische Konstrukte, insbesondere Fähigkeiten und Persönlichkeitseigenschaften (d.h. die Anforderungskategorien A und O aus KSAO) gemessen, in aller Regel mittels *psychometrischer Tests*. Die Ableitung dieser Eigenschaften erfolgt nach klassischer Vorgehensweise stellenspezifisch über die Anforderungsanalyse (s. Abschn. 4.2). Besonders Vertreter der Methode der sog. Validitätsgeneralisierung (s. Kap. 6) erbringen jedoch seit längerem empirische Evidenz dafür, dass die Bedeutung einiger Konstrukte über fast sämtliche Berufsgruppen und Branchen hinweg weitgehend generalisierbar ist. Dies ermöglicht die Auswahl einiger wichtiger Konstrukte für die Personalauswahl gewissermaßen direkt nach allgemeiner empirischer Befundlage. Festgestellt wurde dies zuerst für den g-Faktor der *Intelligenz*, später auch für das allgemeine Persönlichkeitsmerkmal der *Gewissenhaftigkeit* sowie für einige sog. „compound traits". Bei letzteren handelt es sich um Kompositorien mehrerer Eigenschaften, die zur Prognose bestimmter Kriterien zu einem Testverfahren zusammengefasst werden (bspw. *Integrity Tests* zur Vorhersage von kontraproduktivem bzw. Fehlverhalten von Mitarbeitern). Für spezifischere *psychomotorische Fähigkeiten*, aber auch für einige allgemeine (z.B. Extraversion) und spezifische (z.B. Kontrollüberzeugung) *Persönlichkeitseigenschaften* wurden dagegen gefunden, dass ihre Validität stärker von der Situation abhängt (vgl. zum Ganzen im Überblick Schuler & Höft, 2006).

Simulationsorientierte Verfahren. Während beim konstruktorientierten Ansatz tiefer liegende Ursachen („signs") beruflichen Verhaltens untersucht werden, geht es beim simulationsorientierten Ansatz um den direkten Schluss von Verhaltensstichproben („samples") auf späteres berufliches Verhalten (Höft & Funke, 2006). Dies richtet sich eher auf die tätigkeitsnahen Anforderungselemente K und S (aus KSAO). Entsprechend sind Befunde zu simulationsorientierten Verfahren tendenziell weniger stabil und generalisierbar, dafür ist der Anforderungsbezug auch für Laien offensichtlich, was die Akzeptanz fördert (s.u.). Der Prototyp des simulationsorientierten Verfahrens ist die *Arbeitsprobe* (work sample test), bei der Teile der Tätigkeit (z.b. Maschineschreiben) unmittelbar simuliert werden (vgl. auch Bsp. 2.1). Weniger unmittelbar ist das Simulationsprinzip bei komplexen geistigen Tätigkeiten (z.B. Führungsaufgaben) umzusetzen, was gleichwohl z.b. in *Computergestützten Szenarios* versucht wird, in denen etwa die Führung eines Unternehmens durch die Steuerung eines sich dynamisch ändernden Systems nachgebildet wird. Hypothetisch ist die Verhaltensabfrage bei *Situational Judgment Tests* (SJTs), die aus kritischen Ereignissen abgeleitet werden (s. Abschn. 4.2). Die Simulation von Führungsaufgaben steht traditionell auch im Zentrum der *Assessment Center* (AC-) Methode, dem wohl bekanntesten und aufwändigsten simulationsorientierten Auswahlverfahren. Beim AC handelt es sich eigentlich nicht um ein bestimmtes Verfahren, sondern um eine Verfahrensstruktur: meist beobachten mehrere Assessoren mehrere Kandidaten in mehreren Übungen (z.b. Präsentationen, Gruppendiskussionen, Rollenspiele), beurteilen sie anschließend auf mehreren Anforderungsdimensionen, integrieren diese Urteile und geben am Ende ausführliches Ergebnisfeedback. In der Praxis existieren auch andere Varianten (z.B. Einzel-ACs; ACs zur Personalentwicklung) und Mischformen mit dem konstruktorientierten Vorgehen z.B. durch den Einsatz von Testverfahren im Rahmen von ACs (vgl. einführend Höft & Funke, 2006).

Biografieorientierte Verfahren. Bei biografieorientierten Verfahren wird meist ebenfalls direkt aus der diagnostischen Information auf zukünftiges Verhalten geschlossen, jedoch nicht wie bei Simulationen aus einer unmittelbaren Verhaltensstichprobe, sondern aus weiter zurück liegenden Manifestationen in der Vergangenheit (vgl. Schuler & Marcus, 2006). Es liegt in der Natur der Sache, dass die Biografie bei älteren Bewerberinnen tendenziell aussagekräftiger ist als bei jüngeren. Biografische Informationen (z.B. Berufserfahrung, früheres Verhalten) liegen bei verschiedenen Auswahlverfahren nicht unbedingt in Reinform, aber in wechselnden Anteilen vor. Sehr hoch ist dieser Anteil meist in *Bewerbungsunterlagen*. Lebenslauf, Arbeits- oder Ausbildungszeugnisse sind genuin biografisch, werden jedoch in wenig standardisierter Form erhoben und auch interpretiert, was ihre Aussagekraft erheblich einschränkt. Systematischer ist die Erhebung beim Prototyp dieser Verfahrensklasse, dem *Biografischen Fragebogen*, dessen Einzelfragen standardisiert vorgegeben und nach psychometrischen Kriterien geprüft werden.

4.3 Personalmarketing und -auswahl

Ferner dominieren biografische Anteile beim *Einstellungsinterview*, das sich jedoch ähnlich wie das AC mit unterschiedlichen Inhalten füllen lässt. Beim noch immer gängigen unstrukturierten (freien) Interview lässt sich darüber kaum Generelles sagen. Bei strukturierten Interviews beruhen die Inhalte auf Anforderungsanalysen (meist wieder kritischen Ereignissen), wobei die Variante des *Situativen Interviews* den simulationsorientierten SJTs ähnelt, während das *Behavior Description Interview* explizit biografischen Gehalts ist und das *Multimodale Interview* eine teilstrukturierte Mischform darstellt.

Evaluationskriterien aus Organisationssicht. Die *kriterienbezogene Validität* eignungsdiagnostischer Verfahren, d.h. wie eng deren Aussagen mit beruflichem Verhalten (insbes. Leistung) zusammenhängen, zählt zu den empirisch am besten untersuchten Fragen der AO-Psychologie. Nach der nicht ganz unumstrittenen Zusammenfassung dieser Literatur durch Schmidt und Hunter (1998) setzen dabei Intelligenztests sowohl hinsichtlich der Höhe als auch der Generalisierbarkeit der Validität für unterschiedliche Anwendungen den Standard. Andere Verfahren werden von den Autoren vor allem daran gemessen, was sie über Intelligenz zur Prognose beruflicher Erfolgskriterien beitragen (sog. *inkrementelle Validität*). Hier schneiden, neben strukturierten (jedoch nicht unstrukturierten!) Interviews und Arbeitsproben, auch einige Arten von Persönlichkeitstests (besonders Integrity Tests) günstig ab, da sie, anders als etwa ACs, von Intelligenz weitgehend unabhängige Merkmale erfassen und deshalb andere Leistungsaspekte erklären als Intelligenz. Dahinter steckt der Gedanke, dass *Auswahlentscheidungen* i.d.R. nicht auf einer einzelnen, sondern auf mehreren Informationen beruhen, für deren Integration eine Reihe unterschiedlicher Methoden zur Verfügung steht (s. z.B. Catano et al., 2005). Neben der Validität spielt aus Organisationssicht auch der *Nutzen* eine wichtige Rolle zur Bewertung von Auswahlverfahren (allerdings hängt der Nutzen von der Validität ab). Entscheidungstheoretisch lässt sich Nutzen als die durch den Einsatz eines Verfahrens erreichte Verbesserung der Auswahlentscheidungen (d.h. des Anteils richtiger Entscheidungen) definieren.

Kriterien aus Bewerbersicht. Nachdem sich die Eignungsdiagnostik lange auf die Effizienzziele aus Sicht der Organisation (v.a. Validität und Nutzen) beschränkte, rückt in den letzten Jahrzehnten zunehmend auch die Perspektive der Bewerberinnen in den Fokus (s. dazu einführend Marcus, im Druck). Ein objektivierbares Kriterium, das seit Einführung des Allgemeinen

Gleichbehandlungsgesetzes (AGG) mit einiger Verspätung auch in Deutschland rechtlich relevant geworden ist, stellt dabei die *Fairness* dar, definiert als Vermeidung der Benachteiligung von Bewerbern aufgrund als beruflich irrelevant definierter Merkmale (z.B. Alter, Geschlecht). Psychologisch fast noch wichtiger ist die *Akzeptanz*, d.h. die subjektive Wahrnehmung und Bewertung von Auswahlverfahren aus Bewerbersicht, die besonders unter dem Gesichtspunkt der prozeduralen Gerechtigkeit untersucht wurde. Vergleichsstudien verschiedener Auswahlprozeduren zeigen bspw., dass allgemein übliche (z.b. Interviews) und offensichtlich berufsbezogene (z.b. Arbeitsproben) Verfahren besonders gut akzeptiert werden, während undurchsichtige Methoden (z.b. Grafologie) fast einhellig abgelehnt werden (zusammenfassend Marcus, im Druck). In der eingangs dieses Abschnitts vorgestellten Taxonomie beschreibt die Akzeptanz eher den Aspekt der Selektion aus Bewerbersicht. Zum in dieser Phase dominierenden Attraktionsaspekt, d.h. der *Selbstdarstellung* der Bewerber, wird seit einiger Zeit in der Literatur eine hoch kontroverse Diskussion geführt, an deren Ende eine Neubewertung stehen könnte. Wurde Selbstdarstellung früher fast ausschließlich als Fehlerquelle der Eignungsdiagnostik angesehen, wird diese Sicht inzwischen bestritten, wobei die Standpunkte von (empirisch begründeten) Zweifeln an der Ansicht, Selbstdarstellung wirke sich überhaupt verfälschend aus, bis zur differenzierten Analyse von Vor- und Nachteilen reichen (vgl. Marcus, 2009).

4.4 Personalbeurteilung und berufliche Leistung

Berufliche Leistung stellt die unter Effizienzgesichtspunkten wohl wichtigste einzelne abhängige Variable in der AO-Psychologie dar. Die Personalpsychologie beschäftigt sich damit, das Konstrukt Leistung theoretisch und empirisch zu analysieren, aber auch mit der praktischen Personalfunktion der Leistungsbeurteilung. Um diese beiden Teilaspekte geht es in den folgenden Unterabschnitten.

4.4 Personalbeurteilung und berufliche Leistung

4.4.1 Konstrukte beruflicher Leistung und beruflichen Verhaltens

Leistungsbegriff. Unter (individueller) beruflicher Leistung wird in sehr allgemeiner Form der Beitrag des einzelnen Mitarbeiters zu den Zielen der Organisation verstanden, wobei diese Definition unter dem Anwendungsaspekt wenig operational formuliert ist (Schuler & Marcus, 2004). Von den Organisationszielen ausgehend lässt sich Leistung grundsätzlich an den erzielten *Ergebnissen* (z.b. verkaufte Versicherungspolicen) messen, an *Verhaltensweisen* (z.b. Verhalten in Kundengesprächen) oder sogar am Leistungspotenzial bzw. *Eigenschaften* (z.b. Kommunikationsfähigkeit). Unter diesen Möglichkeiten findet die Messung am Verhalten in der Personalpsychologie die weitaus größte Unterstützung, da sich nur Verhalten individuell direkt beeinflussen lässt, wobei die Unterscheidung von Verhalten und Eigenschaften in der Beurteilungspraxis allerdings auf Schwierigkeiten stößt. Ergebnisse können trotz ihrer (scheinbaren) Objektivität als gemessene Leistungskriterien deshalb problematisch sein, weil sie einerseits das relevante Konstrukt nur unvollständig abbilden (sog. *Kriteriumsdefizienz*, im obigen Bsp. messen Verkäufe u.a. Kundenbindung nicht), andererseits durch Aspekte außerhalb der Verantwortung des Mitarbeiters beeinflusst werden (*Kriteriumskontamination*, im Bsp. etwa durch unterschiedlich attraktive Verkaufsgebiete). Aus theoretischer Sicht spricht also viel für die Konzeption von Leistung als Verhaltenskonstrukt. Konkrete Verhaltensweisen sind natürlich in weiten Teilen berufs- bzw. stellenspezifisch. Angeregt besonders durch eine umfangreiche Studie beim amerikanischen Militär (s. Bsp. 4.1) gab es jedoch in letzter Zeit große Fortschritte bei dem Versuch, das Leistungskonstrukt auch stellenübergreifend anhand allgemeiner Leistungsdimensionen zu beschreiben.

Beispiel 4.1: U.S. Army Selection and Classification Project (Project A)

In den 1980er Jahren wurde in der U.S. Army mit dem sog. Project A eine der umfangreichsten Einzelstudien in der Geschichte der AO-Psychologie durchgeführt. Ziele der Studie waren u.a. die armeeweite Beschreibung und Klassifikation von Berufen (darunter auch für ziviles Hilfspersonal), die Analyse und umfassende Beschreibung der Anforderungen und Leistungsdimensionen in diesen Berufen und die Entwicklung armeeweiter Auswahlinstrumente. Der betriebene empirische Aufwand war enorm: für die Ableitung der Leistungsdimensionen etwa wurden in mehreren repräsentativ ausgewählten Berufen bei einer sehr großen Stichprobe mehr als 200 Leistungsindikatoren erhoben und in einem mehrstufigen Prozess faktorenanalytisch untersucht. In der letzten Stufe fanden sich fünf Dimensionen, von denen lediglich die erste stellenspezifisch war (Campbell, McHenry & Wise, 1990):

I. Tüchtigkeit bei der Erfüllung wesentlicher Aufgaben (Ausmaß der Erfüllung stellenspezifischer Anforderungen)
II. Allgemeine soldatische Tüchtigkeit (Ausmaß der Erfüllung positionsübergreifender Aufgaben)
III. Einsatz und Führung (u.a. Engagement und Unterstützung anderer)
IV. Persönliche Disziplin (u.a. Einhaltung von Regeln)
V. Körperliche Fitness und äußere Erscheinung

Diese Dimensionen sind zwar zunächst militärspezifisch, wurden jedoch mit Ausnahme von Dimension V auch für den zivilen Bereich adaptiert. Sie bilden u.a. eine wesentliche Grundlage mehrerer aktueller Theorien der Struktur beruflicher Leistung (s.u. Schuler & Marcus, 2004).

Komponenten beruflicher Leistung. Daten aus dem Project A wurden zusammen mit einigen weiteren empirischen und theoretischen Arbeiten zu Modellen beruflicher Leistung fortentwickelt (im Überblick Schuler & Marcus, 2004), unter denen besonders die Unterscheidung *aufgabenbezogener* und *umfeldbezogener Leistung* (Borman & Motowidlo, 1993) die aktuelle Forschung beeinflusst hat. Die erste Komponente (task performance) bezeichnet dabei die stellenspezifische Aufgabenerfüllung, die besonders von den eher kognitiven KSA-Anteilen der Anforderungen abhängt. Stärker auf Persönlichkeit und Motivation (O) kommt es dagegen bei der stellenübergreifenden umfeldbezogenen Performanz (contextual performance) an. Für letzteres Konstrukt greifen die Autoren auch auf einige ältere Konzepte zurück, die in Aufgabenanalysen nicht identifizierte (Extrarollen-) Komponenten beruflichen Verhaltens beschreiben. Darunter hat wiederum das Konstrukt des *Organizational Citizenship Behavior* (OCB) die größte Beachtung gefunden (vgl. einführend Muck, 2006). Unter dem Begriff OCB werden Facetten formal nicht entlohnten, jedoch funktionalen Verhaltens verstanden, die sich weiter in interpersonale (z.B. Unterstützung von Kollegen) und organisationale (z.B.

Eigeninitiative) Aspekte gliedern lassen. Eine ähnliche Aufteilung findet sich auch bei einem weiteren umfeldbezogenen Leistungsaspekt, dem devianten oder *kontraproduktiven Verhalten* (einführend Muck, 2006). Damit sind erkennbar schädliche Verhaltensweisen wie Diebstahl, Absentismus („Blaumachen") oder unterschiedliche Formen der Aggressivität (z.b. Sabotage, sexuelle Belästigung) gemeint, die in etwa den Gegenpol der Dimension IV aus den Project-A-Daten (s. Bsp. 4.1) beschreiben (jedoch vermutlich nicht den Gegenpol von OCB). Diese (und weitere hier nicht aufgeführte) Unterscheidungen innerhalb des Leistungskonstrukts sind insbesondere dann wichtig, wenn sich auch deren Ursachen unterscheiden, weil dies Implikationen für die Wirkung von Interventionen wie Auswahl, Training oder Führung hat.

4.4.2 Leistungsbeurteilung

Personalbeurteilung gehört zahlreichen anekdotischen Berichten zufolge zu den unbeliebtesten Führungsaufgaben. Gleichzeitig erfüllt die Leistungsbeurteilung zahlreiche *Funktionen*, deren Notwendigkeit durch den Verzicht auf systematische Beurteilungen nicht einfach verschwindet. Dazu zählen nach Cleveland, Murphy und Williams (1989) insbesondere interpersonale Entscheidungen (z.B. Bezahlung, Beförderung), intrapersonale Entscheidungen (z.B. Feedback, Verhaltenssteuerung) sowie die Systemerhaltung (z.B. Personalplanung) und Dokumentation. Ein Großteil des Unbehagens mit Leistungsbeurteilungen dürfte auf die gängige Praxis (Cleveland et al., 1989) zurückzuführen sein, insbesondere interpersonale und intrapersonale Entscheidungen aufgrund desselben Systems zu treffen, da diese Zwecke im Grunde unvereinbar sind (z.B. erfordert leistungsbezogenes Entgelt Standardisierung, Feedback dagegen Eingehen auf individuelles Verhalten und offenen Umgang mit Schwächen usw.). Da Entscheidungen letztlich auf irgendeiner Grundlage getroffen werden müssen, ist die Frage nicht, *ob* Leistung beurteilt werden soll, sondern *in welcher Form* dies geschieht. Die Personalpsychologie hat zahlreiche Vorschläge zur Gestaltung systematischer (und damit auch transparenter) Verfahren gemacht.

Urteilsquellen. Eine erste Entscheidung betrifft dabei die Quelle der Beurteilung (vgl. Schuler & Marcus, 2004). Dafür kommen manchmal auch *objektive Indikatoren* in Betracht, die jedoch u.a. oft an den oben (Abschn. 4.4.1) beschriebenen Problemen der Defizienz und Kontamination leiden. Die häufigste, und nach empirischen Befunden auch die valideste und am besten akzeptierte Urteilsquelle sind nach wie vor *direkte Vorgesetzte*. Für intrapersonale Zwecke kommen auch Mitarbeiter und Gleichgestellte, seltener Vorgesetzte höherer Ebenen oder Kunden als externe Quellen in Betracht, ebenso wie (vergleichend) die *Selbstbeurteilung*. Letztere führt zu zwar etwas günstigeren Urteilen, trägt aber Informationen bei, die Außenstehenden nicht zugänglich sind. Diese Quellen lassen sich im Rahmen einer sog. *360-Grad-Beurteilung* integrieren (s. Abschn. 4.5).

Beurteilungsverfahren. Ein Großteil der psychologischen Forschung zur Leistungsbeurteilung richtete sich lange Zeit auf die Entwicklung von Beurteilungsverfahren bzw. Urteilsskalen, deren Einfluss auf die Qualität der Beurteilung jedoch nach neueren Befunden überschätzt wurde (vgl. z.B. Schuler & Marcus, 2004). Wohl für intrapersonale, aber aufgrund mangelnder Standardisierung nicht für interpersonale Zwecke eignen sich *freie Eindrucksschilderungen*. Auch standardisierte Skalen werden in der Praxis oft „freihändig" konstruiert, es existieren jedoch auch zahlreiche sophistizierte Verfahren, die i.d.R. anforderungsanalytisch fundiert sind (häufig wieder mittels kritischer Ereignisse) und auf teils komplexen Skalierungsverfahren beruhen. Es lassen sich dabei drei Grundprinzipien mit jeweils mehreren Varianten unterscheiden (vgl. Schuler & Marcus, 2004). Bei *Einstufungsverfahren* erfolgt nach dem Prinzip der Ratingskala eine Beurteilung absoluter Leistungsausprägungen bei einzelnen Verhaltensweisen oder Dimensionen auf einem mehrstufigen Kontinuum. Eine Einordnung relativ zu anderen Mitarbeitern ist dagegen das Prinzip der *Rangordnungsverfahren*, bei denen die Gruppenmitglieder meist ohne Einschätzung des absoluten Leistungsniveaus miteinander verglichen werden. Dieses Prinzip zwingt zur Differenzierung, ist aber u.a. wegen seines Nullsummencharakters (bessere Beurteilungen sind nur auf Kosten von Kollegen zu erzielen) wenig beliebt. Ähnliches gilt auch für den Typus der *Auswahl- und Kennzeichnungsverfahren*, jedoch eher wegen der (gewollten) Intransparenz. Hier sollen Verhaltensweisen aus Listen ausgewählt werden, wobei die damit verbundene Bewertung vor den Beurteilern verborgen wird. Einige Maßnahmen der Organisationsentwicklung (z.B. Management by Objectives (MbO) oder Partizipatives Produktivitätsmanagement (PPM)) schließen ferner Leistungsmessung als Teil eines umfassenden Konzepts ein (s. Abschn. 5.3.2).

Gütekriterien. Viele Beiträge der Psychologie zur Leistungsbeurteilung dienen in erster Linie der Verbesserung der Urteilsqualität. Diese ist allerdings nicht leicht zu operationalisieren, da etwa die Anwendung *psychometrischer Gütekriterien* auf Schwierigkeiten stößt (vgl. z.b. Schuler & Marcus, 2004). Woran z.b. soll die kriterienbezogene Validität von Leistungskriterien gemessen werden, wenn nicht an anderen Leistungskriterien, und wie sollen so Zirkelschlüsse vermieden werden? Aus diesem Grund wurden früher oft *Urteilstendenzen* (z.b. Halo, Mildetendenz) ersatzweise herangezogen, bis sich empirisch herausstellte, dass diese Urteilstendenzen fast nichts über die Genauigkeit der Urteile aussagen (Murphy & Balzer, 1989). Genauigkeit oder *Akkuratheit* ist als Abweichung der Urteile von einem wahren Wert definiert – ein Gütekriterium, das theoretisch auf Leistungsbeurteilungen zugeschnitten ist, sich jedoch fast nur unter kontrollierten Laborbedingungen operationalisieren lässt. Für die Praxis mindestens ebenso wichtig sind Verwendungskriterien wie *Akzeptanz* (bei Beurteilern und Beurteilten) oder *Praktikabilität* (Handhabbarkeit) sowie die Einhaltung *rechtlicher Rahmenbedingungen* (in Deutschland v.a. durch das Betriebsverfassungsgesetz). Letztlich sollte es bei der Evaluation von Beurteilungsverfahren um die Erfüllung der jeweiligen Funktionen gehen, wobei für die Begründung interpersonaler Entscheidungen „technische" Gütekriterien (u.a. Validität, Akkuratheit) unerlässlich sind, während z.b. für die Verhaltenssteuerung zeitnahes und in akzeptabler Form formuliertes Feedback wesentlich wichtiger sein kann.

4.5 Personalentwicklung

Die Personalentwicklung unterscheidet sich von anderen Teilbereichen der Personalpsychologie insofern grundsätzlich als hier nicht die Diagnostik im Mittelpunkt steht (obgleich diese sehr wichtig ist, s.u.), sondern die Intervention im Sinne einer Veränderung von Wissen und Verhalten. Ein wesentlicher Teil dieser Modifikation findet auf dem Weg sozialer Einflussnahme im Rahmen der Mitarbeiterführung (s. Kap. 5) oder eher beiläufig im Zuge der beruflichen Sozialisation statt. Unter Personalentwicklung (PE) werden dagegen *formale*, geplante Aktivitäten der Organisation zur Förderung des Erwerbs oder der Erhaltung (d.h. des *Lernens*) von für die Erreichung der Organisationsziele relevanten *Qualifikationen* (d.h. von KSAOs) und *Ver-*

haltensweisen verstanden (vgl. z.B. Holling & Liepmann, 2004). Die Begriffe Personalentwicklung und Training werden hier synonym verwendet, in der nordamerikanischen Literatur auch manchmal dahingehend unterschieden, dass es beim Training um die Beherrschung unmittelbar stellenbezogener Anforderungen geht, bei der Personalentwicklung (development) dagegen um den langfristigen und stellenübergreifenden Aufbau von Potenzial (Levy, 2006). In beiden Fällen geht es um die Veränderung der individuellen Mitarbeiter, wodurch PE von der überindividuellen Team- und Organisationsentwicklung (s. Kap. 5) abgegrenzt werden kann.

Lerntheoretische Grundlagen. Eine wesentliche Folge der Fokussierung auf die Verhaltensmodifikation ist, dass die wichtigsten theoretischen Grundlagen der Personalentwicklung weniger aus der Differenziellen als aus der Lernpsychologie stammen. Schaper (2007) unterscheidet hier Theorien des Lernens als Verhaltensänderung (Behaviorismus, Modelllernen), als Wissenserwerb (z.B. Schematheorie, mentale Modelle), als Erwerb von Handlungskompetenz (s. Abschn. 3.1), als selbstgesteuerter Prozess sowie konstruktivistische und motivationale Lerntheorien. Die vielfältigen lerntheoretischen Grundlagen können in diesem Rahmen nicht einmal ansatzweise dargestellt werden; für die Entwicklung konkreter Trainingsmaßnahmen spielen jedoch klassische Ansätze aus dem Behaviorismus und besonders der (auch sozialen) Kognitionspsychologie eine sehr wichtige Rolle. Leider ist der Markt für berufliche Trainings ausgesprochen unübersichtlich und heterogen; neben Eigenentwicklungen in Unternehmen und seriösen externen Anbietern gibt es auch eine Vielzahl dubioser bis abenteuerlicher Angebote. Im Folgenden sollen daher Schritte und Maßnahmen eines psychologisch fundierten Vorgehens skizziert werden, das sich wieder einmal in die Phasen der Diagnose (Bedarfsanalyse), der Intervention und Evaluation gliedern lässt.

Bedarfsanalyse. Für die Ermittlung des Trainingsbedarfs müssen Informationen aus drei Quellen kombiniert werden (Sonntag, 2004): der *Organisationsdiagnose* (Rahmenbedingungen z.B. aus Unternehmensstrategien und Organisationsklima, s. Abschn. 5.3.2); der *Arbeits- und Anforderungsanalyse* (Merkmale der Tätigkeit und daraus abgeleitete KSAOs; Abschn. 3.2 und 4.2) und der *Potenzialanalyse* (Merkmale der Person inkl. aktueller Defizite, ermittelt durch Verfahren der Eignungsdiagnostik und Leistungsbeurteilung; Abschn. 4.3.2 und 4.4.2). Der Trainingsbedarf ergibt sich dann aus der Diskrepanz zwischen Tätigkeitsanforderungen und aktuellen Leistungsvoraus-

4.5 Personalentwicklung

setzungen beim Individuum (Soll-Ist-Vergleich), wobei zu beachten ist, dass auch individuelle Unterschiede in der Trainierbarkeit bzw. Lernfähigkeit bestehen (vgl. Holling & Liepmann, 2004).

Verfahren der PE. PE-Maßnahmen sind extrem vielfältig und es existiert bislang auch kein allgemein anerkanntes Klassifikationssystem. Sonntag (2004) hat ein zweidimensionales Klassifikationsschema vorgeschlagen, das in Abb. 4.3 dargestellt ist. Nach dem methodischen Ansatz bzw. eigentlich nach dem Kontext der Vermittlung unterscheidet Sonntag zwischen *Trainingsverfahren* (dies meint hier die Vermittlung „off-the-job", z.B. in Seminarräumen), *situativ-erfahrungsbezogenen* Ansätzen (Training „on-the-job" in der realen Arbeitsumgebung) sowie *computergestützt-medialen* Ansätzen (z.B. über Software und audiovisuelle Medien). Nach dem Gegenstand der Trainings differenziert Sonntag zwischen *Wissenserwerb* (deklaratives und prozedurales Fachwissen), der unmittelbaren *Verhaltensmodifikation* (Aufbrechen gewohnten und Erlernen neuen Zielverhaltens) und Verfahren der *Persönlichkeits- und Karriereentwicklung* (i.d.R. auf langfristige Wirkung angelegte Konzepte). Auf einige der wichtigsten Verfahren in der – bei weitem nicht vollständigen – Aufstellung in Abb. 4.3 soll im Folgenden kurz eingegangen werden.

Gegenstand / Ansätze	Wissenserwerb	Verhaltensmodifikation	Persönlichkeits- und Karriereentwicklung
Trainingsverfahren	Kognitive Trainings	Behavior Modeling Stressmanagement-Training Teamtraining	Gruppendynamische Ansätze Outdoortraining Selbstmanagement
Situativ-erfahrungsbezogene Ansätze	Aufgabenorientierter Informationsaustausch (AI)	Coaching	Mentoring Aufgabenstrukturale/ arbeitsinhalt. Ansätze
Computergestützte mediale Ansätze	Tutorielle Systeme/ Computerbasiertes Training (CBT)/ E-Learning	Simulation/ Planspiel/ E-Learning	Computer-/ netzbasiertes Career Management/ Selbstassessment

Abbildung 4.3: Klassifikationsschema der Trainingsverfahren nach Sonntag (2004)

Wissenserwerb. Zu den Kognitiven Trainings gehören u.a. auch traditionelle Verfahren der Wissensvermittlung wie *Frontalunterricht*, die nach wie vor einen erheblichen Anteil an der betrieblichen Weiterbildung ausmachen (dies gilt auch für das *Selbststudium*, dass in Sonntags Schema den medial gestützten Verfahren zuzurechnen wäre). Zu nennen im Bereich des Aufgabenorientierten Informationsaustauschs wären Methoden des interaktiven Austauschs zwischen Experten und Novizen, wie etwa das *Cognitive Apprenticeship*, bei dem erfahrene und unerfahrene Stelleninhaber gemeinsam mittels verschiedener Instruktionstechniken reale Arbeitsaufgaben lösen (vgl. Holling & Liepmann, 2004). In den Bereich medial unterstützten selbstorganisierten Lernens gehört z.B. die *Programmierte Instruktion*, bei der der Lernstoff in Elemente aufgeteilt und nach Lernprinzipien (z.B. vom Einfachen zum Komplexen) organisiert dargeboten, eingeübt und Lernerfolge unmittelbar zurückgemeldet werden (vgl. z.B. Levy, 2006).

Verhaltensmodifikation. Ein sehr gut untersuchtes Verfahren der Verhaltensmodifikation ist die *Verhaltensmodellierung* (behavior modeling), die an der sozialen Lerntheorie orientiert ist, und bei der in einem mehrstufigen Prozess über Vorführen, Diskutieren, Nachahmen und Rückmeldung ein Zielverhalten angenähert werden soll (s. Sonntag & Stegmaier, 2006, für ein ausführliches Beispiel). *Coaching* ist dagegen ein Beispiel dafür, dass in der PE häufig unter demselben Begriff Maßnahmen höchst unterschiedlicher Seriosität angeboten werden. Ernst genommen beschreibt Coaching eine intensive und relativ langfristige Betreuung eines einzelnen Mitarbeiters (coachee) durch einen Trainer (coach), bei der der Coach durch Beobachtung, Beratung oder Mediation umfassende Verhaltensänderungen anzuregen versucht (vgl. Nerdinger et al., 2008). Ähnlich aufwändig wie Coaching können auch *Simulationen* sein, bei denen versucht wird, komplexes und in der realen Arbeitsumgebung mit hohem Risiko verbundenes Verhalten in einer zwar real gestalteten, aber weniger folgenreichen Umgebung einzuüben. Kostspielig wird dies vor allem, wenn es mit hohem technischem Aufwand verbunden ist (z.B. Flugsimulatoren), während sich z.B. Business-Planspiele mit geringeren Kosten realisieren lassen.

Persönlichkeitsentwicklung. Gruppendynamische Methoden zählen zu den ältesten Trainingsmaßnahmen (vgl. Kap. 2). Dazu gehört das *Sensitivitätstraining*, bei dem abseits der gewohnten Arbeitsumgebung eine offene Atmosphäre hergestellt werden soll, in der z.B. ein bislang unausgetragener

4.5 Personalentwicklung

Konflikt angesprochen und wechselseitiges Vertrauen aufgebaut werden kann. Wie bei anderen arbeitsplatzfernen Methoden besteht dabei eine gewisse Gefahr des Rückfalls in alte Muster bei Rückkehr in die Arbeitsumgebung. Das arbeitsplatznahe Konzept des *Mentoring* ähnelt dem oben beschriebenen Coaching, wobei die Rolle des Mentors aber meist durch eine hochgestellte Person im Unternehmen übernommen wird, die eine Vorbildfunktion für den Betreuten (Protegé) ausübt, und die Beziehung weniger intensiv, aber dafür längerfristig und karrierebezogen ist (s. Nerdinger et al. 2008). Ein Beispiel für die medial unterstützte Entwicklung von (meist) Führungskräften stellt das schon erwähnte (Abschn. 4.4.2) *360-Grad-Feedback* dar, bei dem Stärken und Schwächen durch die Gegenüberstellung von Selbst- und Fremdeinschätzung auf unterschiedlichen Leistungsdimensionen aufgedeckt und dadurch langfristige Verhaltensänderungen initiiert werden sollen.

Evaluation und Transfer. Ein generelles Problem von Trainings stellt der *Transfer*, also die Übertragung und Aufrechterhaltung des Lernerfolgs auf den realen Arbeitskontext, dar. Nach dem Transfermodell von Baldwin und Ford (1988) wirken dabei Faktoren aus drei Bereichen zusammen: das Trainingsdesign (besonders die realistische Abbildung der Arbeitswelt, was z.B. nicht sehr für sog. Outdoor-Trainings spricht), Merkmale der Trainierten (zusammengefasst als Trainierbarkeit) und das reale Arbeitsumfeld (hier muss im Sinne einer „Lernkultur" Gelegenheit zur Umsetzung des Gelernten bestehen). Messen lässt sich der Erfolg im Rahmen der *Trainingsevaluation*, wofür häufig quasi-experimentelle Designs (s. Kap. 6) zum Einsatz kommen. Ferner stellt sich dabei die Frage nach Evaluationskriterien. Bereits 1960 stellte Kirkpatrick dazu eine grundlegende Taxonomie auf, in der Evaluationskriterien den Kategorien (1) Reaktionen (subjektive Teilnehmerbewertungen), (2) Lernerfolg (gemessen z.B. in Wissenstests), (3) Verhalten (der eigentliche Transfer an den Arbeitsplatz) und (4) Ergebnisse (im Sinne objektiv messbarer Verhaltensfolgen) zugeordnet werden. In der Praxis werden häufig aufgrund der einfachen Erhebung lediglich unmittelbare Reaktionen gemessen, die jedoch empirisch in keiner nennenswerten Beziehung zum Transfer stehen (Alliger, Tannenbaum, Bennett, Traver & Shotland, 1997). Positive Auswirkungen auch langfristiger Natur wurden aber für viele der oben dargestellten theoretisch fundierten Methoden gefunden, besonders für Verhaltensmodellierung, aber auch für viel gescholtene Klassiker wie das

Sensitivitätstraining und den Frontalunterricht (im Überblick Holling & Liepmann, 2004).

📖 *Weiterführende Literaturempfehlungen*

Holling, H. & Liepmann, D. (2004). Personalentwicklung. In H. Schuler (Hrsg.), *Lehrbuch Organisationspsychologie* (3. überarb. Aufl.) (S. 345-383). Bern: Huber.
Marcus, B. (im Druck) *Personalpsychologie*. Wiesbaden: VS Verlag für Sozialwissenschaften.
Schuler, H. (Hrsg.) (2006). *Lehrbuch der Personalpsychologie* (2. überarb. u. erw. Aufl.). Göttingen: Hogrefe. (insbes. Kap. 5, 6, 7 und 16).

Organisationspsychologie

No one can whistle a symphony. It takes an orchestra to play it.

Halford E. Luccock

Die Organisationspsychologie hat sich innerhalb der der AO-Psychologie zwar spät emanzipiert (s. Kap. 2), stellt inzwischen aber wohl deren umfangreichstes Teilgebiet dar. Sie beschäftigt sich vordringlich mit überindividuellen Verhaltensbedingungen von Mitarbeitern und mit deren Interaktion. Heuristisch lassen sich dabei drei Ebenen unterscheiden. Auf der *Mikroebene* werden insbesondere Arbeitsmotivation und Arbeitseinstellungen untersucht. Auf der *Mesoebene* geht es um direkte persönliche Interaktion im Rahmen der Mitarbeiterführung und Teamarbeit, wozu auch allgemeine Teilaspekte interpersonaler Beziehungen wie Kommunikation, Konflikte oder Vertrauen gehören. Auf der *Makroebene* schließlich ist die Organisation als Gesamtsystem angesprochen, wobei sich die Psychologie hier neben der theoretischen Beschreibung von Organisationen insbesondere für die Organisationsdiagnose und -entwicklung interessiert.

5.1 Mikroebene: Motivation und Arbeitseinstellungen

Wenn es darum geht, wie durch Maßnahmen der Organisation Verhaltens- und Einstellungsänderungen bei der einzelnen Mitarbeiterin bewirkt werden können, sind die drei Teilbereiche der AO-Psychologie besonders schwierig abzugrenzen. In manchen Gesamtdarstellungen werden Arbeitsmotivation und Einstellungen wie Arbeitszufriedenheit der Arbeits- (z.B. Nerdinger et al., 2008) oder Personalpsychologie (z.B. Weinert, 2004) zugeordnet. Im vorliegenden Band werden diese Themen, wie international meist üblich, aufgrund der inhaltlichen Nähe zu Mesoaspekten wie Führung im Rahmen der Organisationspsychologie dargestellt, jedoch mit dem ausdrücklichen Hinweis, dass sich auf dieser Mikroebene die Teilgebiete der AO-Psychologie besonders augenfällig überschneiden. Ebenfalls schwierig gestaltet sich die Abgrenzung der Themen Motivation und Zufriedenheit voneinander, da beides z.T. mit denselben Theorien erklärt wird.

5.1.1 Arbeitsmotivation

Motivation beschreibt einen Zustand einer Person, der durch das Zusammenwirken von überdauernden inneren Bedürfnissen (*Motiven*) mit äußeren Anreizen (*Motivatoren*) entsteht, und das Verhalten dieser Person hinsichtlich *Richtung* (d.h. Ausrichtung auf ein bestimmtes Ziel und Ausblendung von Handlungsalternativen), *Intensität* (aufgewandte Energie) und *Ausdauer* (Hartnäckigkeit bei der Zielverfolgung) erklärt (z.B. Nerdinger, 2006). Dagegen bezeichnet *Motivierung* die Gestaltung von Interaktionen, Anreizen und Bedingungen mit dem Ziel, Mitarbeiter auf Handlungsziele auszurichten und letztlich ihre Leistung zu steigern. Bei der Motivierung geht es also um die praktische Steigerung der Motivation. Mit der theoretischen Kenntnis der zugrunde liegenden Mechanismen beschäftigen sich die zahlreichen Theorien der Motivation, die häufig zunächst danach unterschieden werden, ob sie sich vordringlich damit beschäftigen, *was* Menschen motiviert (d.h. mit Motiven oder Motivatoren) oder damit, *wie* Motivation entsteht. Die erste Kategorie bezeichnet man auch als *Inhaltstheorien*, die zweite als *Prozesstheorien* der Motivation. Im Folgenden werden – in Grundzügen – einige speziell für die Erklärung der Arbeitsmotivation einflussreiche Theorien aus diesen Kategorien vorgestellt, die sich weiteren Unterkategorien zuordnen lassen.

Inhaltstheorien. Speziell mit Motiven bzw. mit Bedürfnissen beschäftigt sich die von dem Kliniker Maslow erstmals in den 1940er Jahren vorgestellte sog. *Bedürfnispyramide*, die bis heute zu den zwar populärsten, aber auch wissenschaftlich am wenigsten haltbaren Theorien der Psychologie überhaupt zählen dürfte. Darin postuliert Maslow fünf hierarchisch strukturierte Bedürfnisse, bei denen höherrangige Motive (soziale Bindung, Selbst-

5.1 Mikroebene

achtung) erst dann verhaltenswirksam werden, wenn Grundbedürfnisse (z.B. Hunger, Durst, Sicherheit) befriedigt sind, bis am Ende Erfüllung in dem nie zu befriedigenden Bedürfnis nach Selbstentfaltung gesucht wird. Diese offenbar unmittelbar einleuchtende Annahme ließ sich, wie auch andere Elemente der Theorie, empirisch nie bestätigen (zu dieser und weiteren Bedürfnistheorien s. Cherrington, 1991).

Gleichfalls zu den Inhaltstheorien, jedoch solchen mit dem Schwerpunkt auf situativen Anreizen bzw. Motivatoren, gehören die bereits im Zusammenhang mit der Arbeitsgestaltung (Abschn. 3.3.1) angesprochene *Zweifaktorentheorie* von Herzberg et al. (1959) sowie das Modell der Arbeitscharakteristika nach Hackman und Oldham (1980). Anders als Herzbergs in hohem Maße methodenabhängiger Befund, dass Unzufriedenheit und Motivation durch unterschiedliche Gruppen von Faktoren bedingt sind, kann die *Theorie der Arbeitscharakteristika* für sich zumindest in Teilen einen relativ hohen Bestätigungsgrad beanspruchen (vgl. Abschn. 3.3.1). Individuelle Bedürfnisse (nämlich Kompetenzerleben, soziale Bindung und Autonomie) und die Unterscheidung intrinsischer und extrinsischer Anregungsbedingungen verbinden Deci und Ryan (1985) in ihrer *Theorie der Selbstbestimmung* (Self Determination Theory, SDT). Eine im Labor gut bestätigte, in ihrer Übertragbarkeit auf Organisationspraxis aber umstrittene These der SDT lautet, dass intrinsische Motivation durch extrinsische Anreize (insbes. Bezahlung) unterminiert werde, was etwa den motivierenden Wert der Leistungsentlohnung in Frage stellen würde.

Prozesstheorien. Trotz der Popularität der Inhaltstheorien und des nachgewiesenen Nutzens speziell der auf Motivatoren gerichteten Varianten für die Arbeitsgestaltung richtet sich das Interesse der Forschung seit langem vorwiegend auf Prozesse der Arbeitsmotivation. Generell beschäftigen sich diese Theorien mit der Dynamik der Entstehung der motivationalen Elemente Richtung, Ausdauer und Intensität der Anstrengung, wobei in unterschiedlichen Theorien verschiedene Prozessphasen betont werden. In Anlehnung an Nerdinger (2006) können dabei die im sog. Rubikonmodell von Gollwitzer (1996) und Heckhausen entwickelten Handlungsphasen als eine Art Rahmenmodell zur Klassifikation von Prozesstheorien der Motivation verwendet werden. Diese Phasen sind in Abb. 5.1 zusammen mit einigen beispielhaft zugeordneten Theorien dargestellt.

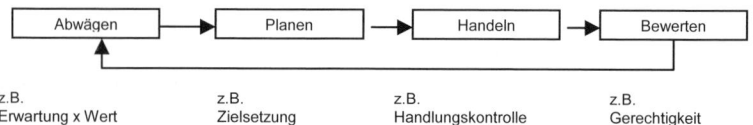

Abbildung 5.1: Handlungsphasen nach dem Rubikonmodell und beispielhafte Prozesstheorien der Motivation

Mit der (im Rubikonmodell prädezisionalen) Phase des Abwägens und Wählens von Handlungsalternativen beschäftigen sich kognitive Theorien, die Handlungsentscheidungen als das Ergebnis einer zumindest subjektiv rationalen Bewertung der Eintrittswahrscheinlichkeit von Handlungsfolgen (Erwartung) und deren Attraktivität (Wert) verstehen. Neben dem klassischen Risikowahlmodell in Leistungssituationen hat in der AO-Psychologie die *Valenz-Instrumentalitäts-Erwartungs-(VIE-)Theorie* von Vroom (1964) starken Einfluss ausgeübt. Nach Vroom bestimmt sich die Stärke einer Handlungstendenz (z.b. Arbeitseinsatz) durch die multiplikative Verknüpfung verschiedener subjektiver Bewertungen, z.b.: Mit welcher Erfolgswahrscheinlichkeit (Ergebniserwartung) führt höherer Arbeitseinsatz zu höherer Leistung, wie wahrscheinlich führt dies wieder zum eigentlich angestrebten Ziel der Beförderung (Instrumentalität) und wie wichtig ist mir die Beförderung eigentlich (Valenz), auch im Vergleich zu anderen Zielen? Trotz Kritik an Vrooms mechanistischer Verhaltenserklärung haben sich wesentliche Annahmen der Theorie empirisch gut bestätigt (zusammenfassend Nerdinger, 2006) und sie lieferte die Grundlage für Weiterentwicklungen wie das *Zirkulationsmodell* (Porter & Lawler, 1968), in dem auch interindividuelle Unterschiede und Rückkopplungsprozesse betrachtet werden.

Im Rubikonmodell ist mit der Entscheidungsfindung „der Rubikon überschritten" und es setzt die erste volitionale (willentliche), aber noch präaktionale Phase der Planung ein. Auf dieser Phase liegt das Augenmerk der *Zielsetzungstheorie* von Locke und Latham (1990). Diese Theorie besagt im Kern, dass Handlungen vor allem durch Ziele gesteuert werden, wobei, vermittelt über bestimmte Wirkmechanismen (Mediatoren), höhere Leistungen resultieren, wenn schwierige bzw. hohe (jedoch nicht unerreichbar hohe) und spezifische bzw. konkrete (vs. vage) Ziele gesetzt werden. Dieser Zusammenhang wird durch bestimmte Randbedingungen (z.B. die Bindung an

5.1 Mikroebene

das Ziel) moderiert. Die wesentlichen Aussagen der Theorie können als empirisch sehr gut etabliert gelten, während einige Elemente (etwa die Rolle der Partizipation bei der Zielsetzung) noch kontrovers diskutiert werden (s. z.B. Kleinbeck, 2004). Etablierte leistungsfördernde Interventionen (z.B. die schon erwähnten PPM und MbO) arbeiten mit Zielen, aber auch mit Partizipation bei der Erarbeitung der Ziele (s.a. unten Abschn. 5.3.2).

Die eigentliche aktionale (und ebenfalls volitionale) Handlungsphase steht im Mittelpunkt verschiedener Theorien der *Selbstregulation* (Bandura, 1991) und der *Handlungskontrolle* (z.B. Kuhl, 1983). Dabei geht es um die Steuerung von Handlungen durch kognitive Bezugssysteme und Rückmeldeprozesse. Bei Bandura etwa erfolgt die Ergebnisfortschrittskontrolle und Handlungssteuerung in einem mehrstufigen, selbstreferenziellen Prozess aus (Selbst-) Beobachtung, Bewertung und Reaktion. Kuhl unterscheidet verschiedene steuerbare Strategien der Handlungskontrolle sowie zwei grundsätzliche Kontrollorientierungen, die eher den Charakter stabiler Persönlichkeitsmerkmale haben: Die Handlungsorientierung ermöglicht den flexiblen Einsatz verschiedener Strategien, während die Lageorientierung eher dysfunktionale Beschäftigung mit irrelevanten Aspekten begünstigt. Diese Annahmen können als gut bestätigt gelten. Anwendungsschwerpunkte aktionaler Theorien liegen etwa in der Gestaltung von Trainings (vgl. Nerdinger, 2006).

In der (nicht mehr volitionalen) postaktionalen Phase der Bewertung werden Handlungsergebnisse, soweit diese nicht antizipiert wurden, hinsichtlich ihrer Ursachen und Folgen eingeschätzt. Hier lassen sich etwa Attributionstheorien in ihren für die Motivation relevanten Aspekten einordnen. Die Ursachenzuschreibung für Erfolg oder Misserfolg beeinflusst die Anpassung des eigenen Verhaltens, aber auch die Form der Motivierung anderer etwa im Rahmen der Mitarbeiterführung (vgl. Abschn. 5.2.1). Auf die Bewertung der (eingetretenen) Handlungsfolgen richten sich Gerechtigkeitstheorien, die auf Grundlagen aus sozialen Austauschtheorien zurückgreifen. In der *Equity-Theorie* (Adams, 1965) wird postuliert, dass eigener Einsatz und Ertrag im Vergleich zu dem bei (relevanten) Bezugspersonen beobachteten Verhältnis von Einsatz und Ertrag betrachtet werden. Erlebte Ungerechtigkeit entsteht durch die Wahrnehmung eines Ungleichgewichts (d.h. auch bei zu hohem eigenem Ertrag). Die Equity-Theorie wurde v.a. im Zusammenhang mit der Entlohnung untersucht; es gibt jedoch auch originelle Übertragungen auf andere Kontexte (s. Bsp. 5.1). Während es in dieser Theorie um die (ergebnisbezogene) Verteilungsgerechtigkeit geht, erweitern Theorien der *prozeduralen Gerechtigkeit* diese Perspektive um den Aspekt der Verfahren, mittels derer in Organisationen Ressourcen verteilt werden. Deren Bewertung beruht auf der Einhaltung bestimmter Prinzipien und hat sich für die Erklärung unterschiedlicher Verhaltensweisen als bedeutsamer erwiesen als die Ergebnisse der Verteilung (zusammenfassend Cropanzano & Folger, 1991).

Beispiel 5.1: Arbeitsplatzstatus, erlebte Gerechtigkeit und die Folgen

Bei einer amerikanischen Versicherungsgesellschaft gelang es Greenberg (1988), eines der seltenen echten Feldexperimente in der AO-Psychologie zu realisieren. Den Mitarbeiterinnen dort wurden traditionell Büros zugewiesen, die sich in hoch standardisierter Weise nach dem individuellen Status unterschieden. Während umfangreicher Umbauarbeiten im Gebäude konnte Greenberg nun knapp 200 Mitarbeitern vorübergehend systematisch Büros zuweisen, die nach den in der Firma üblichen Standards entweder größer, kleiner oder ihrem Status genau angemessen groß waren. Insgesamt wurden per Zufall sechs Gruppen gebildet und die Leistung über einen Zeitraum von sechs Wochen (davon zwei Wochen mit den neu zugewiesenen Büros) kontinuierlich gemessen. Die Ergebnisse sind in der folgenden Abbildung dargestellt (aus Greenberg, 1988, p. 610; der Begriff „paid" bezieht sich auf die Statuskonformität der Büros, nicht die Bezahlung).

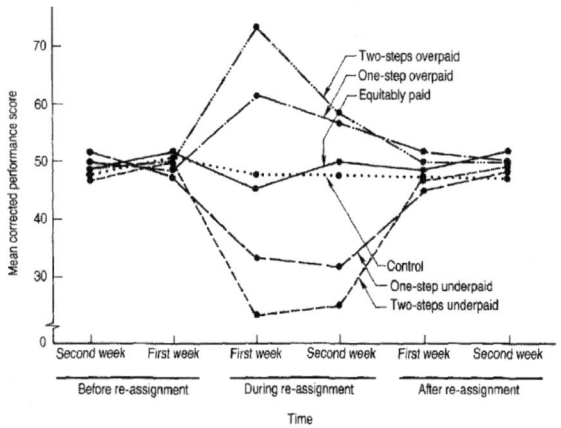

> Erwartungskonform zeigen die Ergebnisse, dass nicht nur die „unterbezahlten" Mitarbeiterinnen mit Leistungszurückhaltung reagierten, sondern auch ihre „überbezahlten" Kolleginnen die ihrem Status nicht angemessene Vergünstigung durch Mehrleistung zu kompensieren versuchten.

5.1.2 Arbeitseinstellungen

Arbeitszufriedenheit. Unter den Einstellungskonstrukten in der AO-Psychologie wurde Arbeitszufriedenheit mit Abstand am häufigsten untersucht. Darunter wird hier ein (emotionaler) Zustand verstanden, der aus der (v.a. affektiven, aber auch kognitiven) Bewertung der Arbeitssituation und ihrer Teilaspekte durch den Arbeitsplatzinhaber entsteht. Diese Bewertung kann als Globalurteil erfasst werden; häufiger erfolgt jedoch in unterschiedlichem Detaillierungsgrad die Abfrage der Zufriedenheit mit einzelnen Facetten wie der Bezahlung, Vorgesetzten und Kollegen, der Arbeit selbst u.a.m. Zur Messung der Arbeitszufriedenheit stehen zahlreiche Fragebogen zur Verfügung, die teils auch in personbezogenen Verfahren der Arbeitsanalyse implementiert sind (vgl. z.B. Weinert, 2004, für Beispiele).

Arbeitszufriedenheit und Motivation hängen theoretisch eng zusammen. In einigen der oben dargestellten Motivationstheorien wird Zufriedenheit gewissermaßen en passant miterklärt (z.B. Arbeitscharakteristika, prozedurale Gerechtigkeit), in anderen explizit als separate unabhängige Variable modelliert (z.B. Zweifaktorentheorie, Zirkulationsmodell). Genuine Erklärungsmodelle der Arbeitszufriedenheit sind selten. Mit der *Theorie affektiver Ereignisse* (Weiss & Cropanzano, 1996) wurde bspw. ein Modell entwickelt, das die Entstehung von Arbeitszufriedenheit als Konsequenz emotional besetzter episodischer Erlebnisse erklärt. In einer in der Schweiz entwickelten Theorie unterscheidet Bruggemann (1974) kognitive Prozesse, über die zunächst die Ist-Situation mit dem angestrebten Zustand verglichen wird (s. Abb. 5.3). Anschließend wird mittels verschiedener Strategien versucht, ein Gleichgewicht zu erreichen bzw. zu erhalten. Inhaltlich werden sechs daraus resultierende Formen der Arbeitszufriedenheit differenziert, deren entscheidender Unterschied zu anderen Zufriedenheitsmodellen darin liegt, dass mit dem gleichem Niveau der (Un-)Zufriedenheit unterschiedliche Qualitäten und damit auch Folgen verbunden sein können. Damit lässt sich z.B. erklären, warum Inhaber anregungsarmer Stellen oft von hoher Zufriedenheit berichten, ohne dass damit ein entsprechender motivationaler Effekt verbunden wäre.

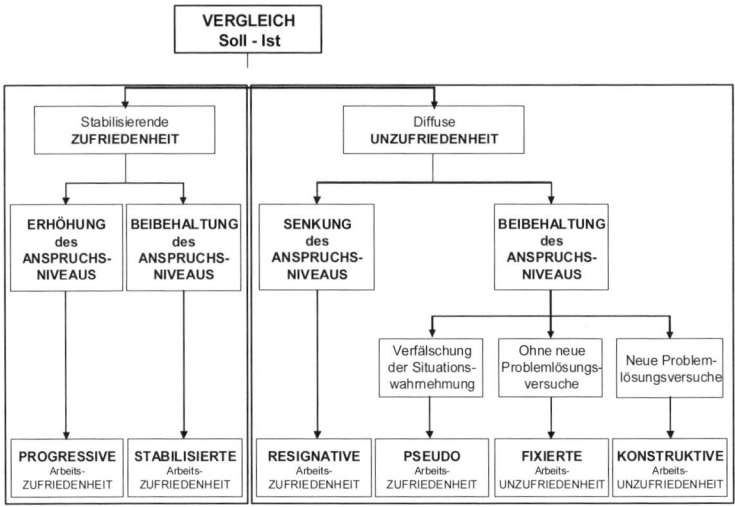

Abbildung 5.3: Formen der Arbeitszufriedenheit nach Bruggemann (1974)

Zu den Ursachen und Folgen der Arbeitszufriedenheit existieren sehr umfangreiche Forschungsergebnisse (zusammenfassend z.B. Judge, Parker, Colbert, Heller & Ilies, 2001). Danach hängt Arbeitszufriedenheit in moderater Höhe zwar tatsächlich von Merkmalen der Arbeit ab (z.B. Handlungsspielraum, Partizipationsgrad), aber auch von bestimmten Persönlichkeitsmerkmalen (z.B. emotionaler Stabilität, Extraversion, Gewissenhaftigkeit) und ist ferner mit der allgemeinen Lebenszufriedenheit korreliert. Es handelt sich also um ein Konstrukt, für dessen Ausprägung sowohl die Arbeitssituation als auch die Person der Befragten sowie außerdem die Passung zwischen beidem eine Rolle spielt. Ähnlich umfangreich sind die Befunde zu Korrelaten der Arbeitszufriedenheit wie beruflicher Leistung, aber auch zu negativen Konsequenzen geringer Zufriedenheit wie kontraproduktivem Verhalten, Fehlzeiten oder Fluktuation. Erwartungsgemäß sind die Zusammenhänge zu unerwünschten Verhaltensweisen negativ, zu produktiven Leistungen positiv, in der Höhe jedoch allenfalls moderat (in verschiedenen

Metaanalysen meist zwischen .20 und .30). Die Annahme eines einfachen kausalen Einflusses der Zufriedenheit auf die Leistung („Glückliche Kühe geben mehr Milch.") lässt sich nach der Befundlage nicht aufrechterhalten, da sich Zufriedenheit und Verhalten auf komplexe Weise wechselseitig beeinflussen.

Commitment. Neben der Zufriedenheit werden in der AO-Psychologie noch weitere Einstellungskonstrukte untersucht, darunter wohl am häufigsten die Bindung an die Organisation (*organizational commitment*). In dem weit verbreiteten Commitment-Modell von Meyer und Allen (vgl. Meyer et. al., 2002) wird dabei zwischen den Komponenten affektiver (Bindung aufgrund emotionaler Identifikation), normativer (Bindung aufgrund moralischer Verpflichtung bzw. Reziprozität) und kalkulatorischer („continuance"; Bindung aufgrund des Mangels an Alternativen) Bindung unterschieden. Empirische Befunde zeigen, dass zwar alle drei Komponenten die Neigung zur Fluktuation vermindern, erwünschte Verhaltensweisen aber vor allem mit affektivem, dagegen mit kalkulatorischem Commitment gar nicht verbunden sind (Meyer et al., 2002).

5.2 Mesoebene: Interaktionen und Prozesse in Gruppen und Dyaden

Auf der Mesoebene geht es um Prozesse, die mit direkten persönlichen Kontakten und Beziehungen innerhalb von Organisationen verbunden sind. Zu den klassischen Themen der Organisationspsychologie gehören die Führung von Mitarbeitern, die Kooperation in Arbeitsgruppen sowie einige spezifische Aspekte der Interaktion wie bspw. Kommunikation, Konflikte und Vertrauen.

5.2.1 Mitarbeiterführung

Führung und Macht. Die zahlreichen Definitionsversuche von Führung (in Organisationen) konvergieren dahingehend, dass es dabei um die absichtsvolle und zielgerichtete soziale Einflussnahme in Arbeitssituationen geht, oft weiter eingeschränkt (was diskutabel ist) auf das Ziel gemeinsamer Aufgabenerfüllung (z.B. Rosenstiel & Wegge, 2004). Einflussnahme bedarf als

Voraussetzung der Macht und bedient sich bestimmter Techniken (s. dazu einführend z.B. Blickle & Solga, 2007). Eine klassische Theorie der *Machtgrundlagen* stammt ursprünglich von French und Raven (1959) und unterscheidet in ihrer erweiterten Form sechs mögliche Machtbasen: Belohnung, Zwang (was beides die Verfügung über begehrte Ressourcen voraussetzt), Legitimation (z.B. durch formale Weisungsbefugnis), Expertise (d.h. die exklusive Verfügung über Qualifikation), Information (was eher punktuell situationsabhängig ist) sowie „Referenz-" bzw. Beziehungsmacht (die durch freiwillige Anerkennung der Geführten entsteht). Zumindest die letzten drei dieser Machtbasen erfordern keine formale Vorgesetztenposition, weshalb Führung in hierarchischer Hinsicht auch seitwärts (lateral) oder von unten nach oben erfolgen kann (der Regelfall ist dies aber nicht).

Führungstheorien. Wie z.B. auch die Arbeitsmotivation ist Führung ein zwar in wichtigen Teilen genuin psychologisches Thema, bei dem die praktische Umsetzung psychologischer Handlungsempfehlungen jedoch in aller Regel Nicht-Psychologen obliegt. Um die Umsetzung psychologischer Erkenntnisse durch fachfremde Personen zu fördern, stehen im Grunde die gleichen Möglichkeiten zur Verfügung wie in anderen Bereichen der AO-Psychologie auch: die Selektion geeigneter Führungskräfte, Analyse und Training zur Modifikation des Führungsverhaltens und die Veränderung der organisationalen Bedingungen des Führens einschließlich der Passung zwischen Merkmalen der Führungskraft und der Situation. An diesen Punkten (Person, Verhalten, Situation) setzen auch die wichtigsten Führungstheorien an, die zur Erklärung des Phänomens Führung aus psychologischer Sicht und zur Ableitung von Handlungsempfehlungen entwickelt wurden.

Die ältesten Führungstheorien beziehen sich auf die Person des Führers bzw. dessen *Persönlichkeitseigenschaften*. Dahinter steckt in überspitzter Form die verbreitete Annahme, dass man zum Führer gewissermaßen geboren sein müsse („great man theory"), weshalb geeignete Führungskräfte in erster Linie durch Auswahl gefunden werden müssten. Auch wenn diese These so nicht haltbar ist und in der Führungsforschung schon sehr früh auf breite Ablehnung stieß, zeigen neuere Forschungen moderate, aber durchaus bedeutsame Zusammenhänge der Intelligenz sowie einer ganzen Reihe von Persönlichkeitseigenschaften (u.a. allgemeine Persönlichkeitdimensionen des sog. Fünf-Faktorenmodells, internale Kontrollüberzeugung, Integrität, hohes Leistungs- und geringes Anschlussmotiv) mit dem Führungserfolg (z.B.

Judge, Bono, Ilies & Gerhardt, 2002; Judge, Colbert & Ilies, 2004). Die Auswahl von Führungskräften aufgrund dieser Merkmale erscheint also durchaus sinnvoll.

Eine ganz eigene Entwicklung nahm ein zunächst verwandter Zweig der Führungsforschung, der sich bis zu Max Webers Annahmen über *charismatische Führung* (vgl. Kap. 2) zurück verfolgen lässt. Aufbauend auf aktuelleren Beschreibungen charismatischer Führer (z.B. als visionär, unkonventionell, sensitiv) und auf politikwissenschaftlichen Betrachtungen wurde von der Arbeitsgruppe um Bass das Konzept der *transformationalen Führung* entwickelt (vgl. dazu Felfe, 2006). In diesem Ansatz wird die Motivierung und Entwicklung von Mitarbeitern über das normale Maß hinaus („Transformation") unterschieden von der (durchaus nicht negativ bewerteten) *transaktionalen Führung* (Motivation durch Anreize und faire Austauschbeziehungen) sowie dem (als ineffizient eingeschätzten) Verzicht auf eigentliches Führungshandeln (*laissez-faire*). Transformationale Führung war in den letzten Jahrzehnten die mit Abstand am häufigsten untersuchte Führungstheorie. Trotz erheblicher Kritik u.a. aus methodischer Sicht können zentrale Annahmen der Theorie als empirisch gut bestätigt gelten. Im Gegensatz zur klassischen Vorstellung von Charisma wird transformationales Führen als erlernbares Führungsverhalten verstanden und rückt damit in Nähe eines anderen Paradigmas der Führungsforschung.

Als Alternative zur persönlichkeitsorientierten Führungsforschung entwickelten seit den 1940er Jahren Forschergruppen in Michigan (dort maßgeblich beeinflusst von Lewin) und Ohio Ansätze zur Untersuchung des Führungsverhaltens. Einflussreich bis heute sind besonders die sog. *Ohio-Studien* der Gruppe um Stogdill u.a. (s. z.B. Weinert, 2004). Die Kernaussage dieser aufwändigen Untersuchungen war die Unterscheidung zweier unabhängiger *Führungsstile*, die als Person- und Aufgabenorientierung in zahlreichen Führungsmodellen eine zentrale Rolle spielen. Damit sind generelle Verhaltensstile gemeint, die zum einen auf vertrauensvolle Beziehungen zu den Mitarbeitern gerichtet sind, zum anderen auf die effiziente Erfüllung der Aufgaben. „Unabhängigkeit" bedeutet in diesem Fall, dass ein und dieselbe Führungskraft sowohl mitarbeiter- als auch aufgabenorientiert führen kann, und im Interesse des Erfolgs auch führen sollte, weshalb auf diesem zunächst deskriptiven Befund normative Modelle und entsprechende Trainings aufbauen. Obwohl es auch zur Ohio-Studie nicht an kritischen Bewertungen mangelt, ließen sich die Kernaussagen der Unabhängigkeit und des positiven Zusammenhangs beider Stile mit der Leistung auch metaanalytisch weitgehend bestätigen (Judge, Piccolo & Ilies, 2004).

Ein wesentlicher Kritikpunkt sowohl an person- als auch verhaltensorientierten Führungsmodellen ist die mangelnde Berücksichtigung der Führungssituation. Dies wird in sog. *Kontingenztheorien der Führung* zu überwinden versucht, deren klassische und namensgebende Variante von Fiedler (1967) allerdings nicht weniger Kritik auf sich gezogen hat als die o.g. älteren Ansätze (vgl. Weinert, 2004). Fiedlers auf eigenwillige Art empirisch fundiertes Modell beschreibt Führungshandeln ebenfalls durch Person- und Aufgabenorientierung, die bei ihm jedoch Pole einer Dimension und zudem Ausdruck einer stabilen Persönlichkeitseigenschaft sind. Ob eher Person- oder Aufgabenorientierung Erfolg verspricht, hängt dann von der sog. Günstigkeit (aus Sicht der Führerin) der Situation ab, die durch drei unterschiedlich bedeutsame Merkmale beschrieben wird (in absteigender Bedeutung: Beziehungsqualität, Aufgabenstrukturierung und Positionsmacht). Mitarbeiterorientierung verbessert nach Fiedlers Befunden eher in Situationen mittlerer Günstigkeit den Erfolg, während unter extrem günstigen oder ungünstigen Bedingungen Aufgabenorientierung effizienter ist. Bestätigt wurden diese Aussagen vor allem durch Befunde aus Fiedlers eigener Forschergruppe.

Die Situation spielt jedoch auch in zahlreichen anderen Theorien eine wichtige Rolle, die in der modernen Führungsliteratur teils mehr Unterstützung finden (im Überblick z.B. Rosenstiel & Wegge, 2004; Weinert, 2004). Mehrere verwandte theoretische Ansätze umfasst der Begriff *Weg-Ziel-Theorien*, in denen Führung als der Klärung und dem Erreichen der Ziele der einzelnen Gruppenmitglieder dienliches Verhalten aufgefasst wird. Anders als bei Fiedler ist die Anforderung an die Führungskraft hier, ein ganzes Arsenal unterschiedlicher Führungsstile zu beherrschen, die flexibel der Situation angepasst werden können. Dies ist auch bei Anwendung der Empfehlungen der *Normativen Führungstheorie* von Vroom und Mitarbeitern der Fall. Nach diesem – empirisch gut bestätigten – Modell ist die Führerin aufgefordert, zunächst in einer Art Checkliste die Entscheidungssituation einzuschätzen, indem sie sich eine geordnete Reihe von Fragen stellt. Je nach Antwort auf diese Fragen wird in Form eines Entscheidungsbaums das Spektrum zulässiger bzw. Erfolg versprechender Entscheidungsstrategien eingegrenzt, die durch Grade der Partizipation der Gruppenmitglieder gekennzeichnet sind (von autokratischer Allein- bis zu demokratischer Gruppenentscheidung). Während sich dieses Modell auf den spezifischen Aspekt der Entscheidungsfindung beschränkt, konzentriert sich die *LMX-Theorie* (leader-member-exchange) von Graen und Kollegen auf einen spezifischen Aspekt der Führungssituation, nämlich die Beziehungsqualität zwischen Führungskraft und *einzelnen* Geführten. Untersucht werden besonders die mit Bevorzugung und Benachteiligung verbundenen Folgen für Leistung und Zufriedenheit. Ferner beschäftigt sich die neuere Führungsforschung u.a. mit Facetten des Führungsverhaltens jenseits der Grobdifferenzierung zweier Führungsstile, mit Einflüssen des Geschlechts und anderer demographischer und Rollenmerkmale oder mit grob kontraproduktivem Führungshandeln („leader derailment") (zu all dem z. B. Weinert, 2004).

5.2.2 Gruppenarbeit

Soziale Einflüsse auf die Arbeitsleistung zählen zu den ältesten Forschungsthemen der Sozialpsychologie und den Ursprüngen der Organisationspsychologie. Seit den 1980er Jahren sind Teamkonzepte durch den Wandel der Arbeitswelt zudem wieder verstärkt ins Zentrum des Interesses gerückt (vgl. Kap. 2; s.a. z.B. Wegge, 2006). Von einem Team oder einer Arbeitsgruppe (ein qualitativer Unterschied zwischen Gruppen und Teams wird hier *nicht* unterstellt) kann nach einer verbreiteten Definition (Rosenstiel, 2003) dann gesprochen werden, wenn eine *Mehrzahl von Personen* (falls keine Dyaden einbezogen werden mindestens 3) in *direkter Interaktion* (daher auch nicht zu viele Personen) über einen *längeren Zeitraum* an einer *gemeinsamen Aufgabe* arbeiten, wobei sich *unterschiedliche Rollen*, aber auch *gemeinsame Normen* und eine *Gruppenidentität* („Wir-Gefühl") herausbilden. Gruppenarbeit ist mit einer Reihe sich im Zeitablauf entwickelnder Prozesse und z.T. außerordentlich komplexen Folgen für das Erleben und Verhalten der Gruppenmitglieder verbunden. Entgegen einer gewissen Idealisierung von Teams in Teilen der Management-Literatur beschäftigt sich die Psychologie seit jeher mit den positiven *und* negativen Auswirkungen der Gruppenarbeit.

Gruppenprozesse. Zur differenzierten Betrachtung der Teamarbeit gehört zunächst die Beobachtung, dass sich Beziehungen innerhalb von Gruppen über die Zeit entwickeln müssen, was u.a. dazu führt, dass sich die maximale Gruppenleistung nicht sofort einstellt und nicht konstant anhält. Ein klassisches *Phasenmodell der Gruppenentwicklung* (Tuckman, 1965) spezifiziert die fünf Stufen (1) „forming" (gegenseitiges Abtasten), (2) „storming" (kontrovers geführte wechselseitige Herausforderung), (3) „norming" (Herausbildung etablierter Normen und Rollen), (4) „performing" (Konzentration auf gemeinsame Zielerreichung) sowie u.U. (5) „adjourning" (geplante Auflösung der Gruppe). Erst in der vierten Phase realisiert die Gruppe ihr volles Leistungspotential, wobei noch später aufgrund nachlassender Motivation wieder ein Leistungsabfall zu beobachten ist (zusammenfassend Rosenstiel, 2003). Zudem oszilliert nach neueren Vorstellungen eines *punktuellen Equilibriums* die Gruppenleistung zwischen Phasen der Konzentration auf die Aufgabe und der Fokussierung auf die Beziehungsebene (vgl. Levy, 2006).

Nicht weniger komplex als die Entwicklung über die Zeit sind Zusammenhänge bestimmter Gruppenmerkmale und -prozesse mit Leistung und Beziehungsqualität. Der Einfluss des Konformitätsdrucks oder des Gruppendenkens auf Beurteilungen und Entscheidungen hängt bspw. unter anderem von der Stärke der Gruppennormen und der Gruppenkohäsion ab. Unter *Gruppennormen* versteht man innerhalb der Gruppe geteilte Erwartungen darüber, welches Verhalten der Mitglieder üblich und erwünscht ist. Normen erfüllen eine Reihe wichtiger Funktionen (u.a. für die Orientierung und Vorhersagbarkeit des Verhaltens, die Gruppenidentität, die Initiation neuer Mitglieder) und sind daher unabdingbar, können jedoch auch negative Folgen (z.B. Konformität, Ausgrenzung und Abwertung anderer, Leistungszurückhaltung) haben (vgl. z.B. Weinert, 2004). Eng mit der Stärke der Normen hängt das Merkmal der *Gruppenkohäsion* zusammen, verstanden als die (durchschnittliche) Attraktivität der Gruppe für ihre Mitglieder. Kohäsion kann durch die Attraktivität der Aufgabe, die sozio-emotionale oder die Statusfunktion der Gruppe bedingt sein und hängt daneben von zahlreichen Merkmalen ab (u.a. von der Intensität des Kontakts und der Homogenität der Mitglieder). Der Zusammenhang mit Arbeitszufriedenheit und i.d.R. auch mit der Leistung ist tendenziell positiv (vgl. Levy, 2006), kann jedoch auch wesentlich komplexer sein, wie die in Bsp. 5.2 vorgestellte Studie zeigt.

5.2 Mesoebene

Beispiel 5.2: Gruppenkohäsion und Leistung

In einer klassischen Großstudie untersuchte Seashore (1954) mehr als 200 Arbeitsgruppen in einem Industrieunternehmen und entwickelte dafür auch ein Messverfahren zur Kohäsion. Befragt wurden die Teilnehmer ferner nach ihren Einstellungen zu Vorgesetzten und Unternehmen und es wurde die Gruppenleistung erhoben. Schematisch vereinfacht sind die Zusammenhänge dieser Variablen in der folgenden Abbildung dargestellt (verändert nach Rosenstiel, 2003)

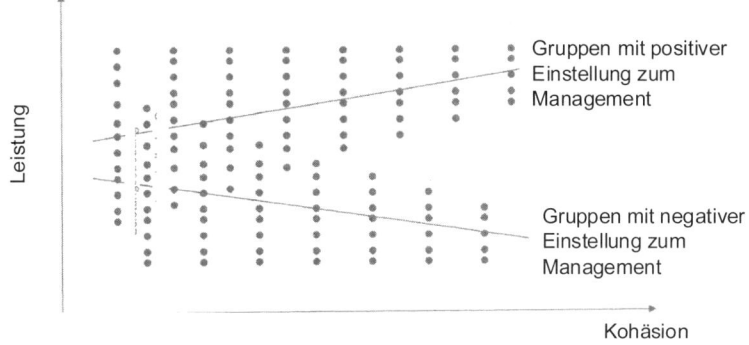

Die Befunde zeigen zweierlei. Erstens führt höhere Kohäsion zu einer Homogenisierung der Leistungen innerhalb der Gruppe (erkennbar an der Streuung der in derselben Vertikale angeordneten Punkte). Dies ist Ausdruck der Verstärkung der Normen durch Kohäsion, die Abweichungen von der Norm (nach oben *und* unten) unwahrscheinlicher macht. Zweitens erhöht Kohäsion die (mittlere) Leistung in den Gruppen dann, wenn die Gruppenmitglieder die Ziele der Unternehmensführung teilen, während im umgekehrten Fall Kohäsion sogar zur Leistungszurückhaltung führt. Der im Mittel meist positive Zusammenhang zwischen Kohäsion und Leistung wird also moderiert durch die Einstellung der Gruppenmitglieder zum Management.

Aus Fallstudien und sozialpsychologischen Experimenten (meist im Labor) sind noch zahlreiche weitere Einflussfaktoren auf das Gruppenverhalten mit positiven, negativen oder auch ambivalenten Folgen bekannt. Eindeutig negativ zu bewerten ist das schon erwähnte Phänomen des *Gruppendenkens*, bei dem sich in einer Art kollektiver Verblendung gerade in hoch kohäsiven

Gruppen eine Eigendynamik hin zur Illusion der Unverletzlichkeit und letztlich Unfehlbarkeit entwickelt. Mit dem Gruppendenken verwandt, jedoch eher auf die Verantwortungsdiffusion bei gemeinsam getragenen Entscheidungen zurückzuführen ist der sog. Risikoschub (*risky shift*), also die Verschiebung hin zu hoch riskanten Gruppenentscheidungen. Umgekehrt kann die wahrgenommene Tragweite die ganze Gruppe betreffender Entscheidungen auch zur Risikomeidung (*conservative shift*) führen, insgesamt also zur *Gruppenpolarisierung* in Richtung der Extreme. Bei unternehmerischen Entscheidungen etwa hat sich aber eine mittlere Risikoneigung als günstig erwiesen. Unter bestimmten Bedingungen (s.u.) kann die Entscheidungsqualität aber durchaus auch von der Gruppenarbeit profitieren (s. z.B. Weinert, 2004).

Motivation und Gruppen. Ausgesprochen ambivalent ist der Einfluss der Gruppenarbeit auf die individuelle Motivation der Mitglieder (dazu bspw. Wegge, 2006). Prominenz in der sozialpsychologischen Forschung erlangten besonders Effekte der Gruppenarbeit, die zu Motivationsverlusten führen. Dazu gehören u.a. *social loafing* (eher unabsichtliche Reduzierung der eigenen Anstrengung), das damit verwandte, jedoch eher bewusste *free riding*, der *Sucker-Effekt* (Demotivierung durch bei anderen beobachtetes Trittbrettfahren) sowie *soldiering* (kollektive Leistungsreduktion aus Protest gegen illegitime Anforderungen von außen). Diesen möglichen Motivationsverlusten stehen jedoch spiegelbildlich mögliche Motivationsgewinne gegenüber, darunter u.a. *social facilitation* (durch die soziale Situation in der Gruppe ausgelöste Willensanstrengungen), *social compensation* (Versuch Leistungsstarker, das Gruppenziel durch Ausgleich schwächerer Einzelleistungen zu „retten") oder *social laboring* (umgekehrt zum soldiering eine durch den Wettbewerb mit einer out-group angeregte kollektive Leistungssteigerung). Im Übrigen kann Motivationsverlusten in Gruppen durch Maßnahmen der Aufgabengestaltung, Führung oder Teamentwicklung gezielt entgegen gewirkt werden, und die Gruppenleistung hängt ferner stark von der Art der Gruppenaufgabe ab (z.B. ob Einzelleistungen kompensierbar sind oder nicht; vgl. Muck, 2006).

Arten von Arbeitsgruppen. Reale Teams in Organisationen werden häufig zur Lösung bestimmter Aufgaben zusammengestellt (oder bilden sich jenseits der formalen Struktur informell selbst) und hängen in ihrer Ausgestaltung deshalb u.a. auch vom Typ der Arbeitsaufgabe ab. Sundstrom,

McIntyre, Halfhill und Richards (2000) unterscheiden fünf Arten moderner Arbeitsgruppen. *Produktionsteams* kooperieren in der industriellen Fertigung. Dazu gehören etwa die in Bsp. 3.1 oben dargestellten teil-autonomen Arbeitsgruppen, aber auch Teams mit geringerer Autonomie. Sie sind, ebenso wie *Serviceteams* (z.b. eine Flugbegleiter-Crew), durch ein relativ geringes Maß individueller Spezialisierung gekennzeichnet. Stärker spezialisiert sind dagegen *Führungsteams* (z.B. Unternehmensvorstand) sowie schon definitionsgemäß *Projektteams*, die üblicherweise aus Fachleuten unterschiedlicher Bereiche zur Lösung komplexer Aufgaben zusammengestellt und oft strukturell in Form einer Matrixorganisation (s.u.) eingebunden sind. Lediglich Zusatzaufgaben neben ihrer eigentlichen Kernaufgabe übernehmen die Mitglieder *beratender Teams* (eine Sonderform sind z.B. *Qualitätszirkel*). Einen durch die Klassifikation von Sundstrom et al. nicht erfassten Sonderfall mit ganz eigenen Problemen und Lösungsansätzen stellt die geographisch verteilte Zusammenarbeit in *virtuellen Teams* dar, die inzwischen erhebliche Verbreitung gefunden haben (s. dazu einführend Nerdinger et al, 2008). Zur Vertiefung dieses sowie zahlreicher anderer aktueller Themen der Teamforschung (z.B. Theorien der Gruppenleistung, Auswahl und Training von Teammitgliedern, Diversität und Zusammensetzung von Teams) muss hier auf die zitierte weiterführende Literatur verwiesen werden (s.a. die Handbücher am Ende von Kap. 1).

5.2.3 Kommunikation und Konflikte in Organisationen

Führung und Kooperation in Gruppen sind mit einer Reihe allgemeiner Phänomene verbunden, die mit Interaktionen zusammenhängen. Auf die beiden in der Überschrift genannten Aspekte soll in diesem Abschnitt kurz eingegangen werden, während andere (z.B. Macht und Einfluss, Gruppenphänomene wie Normen oder Kohäsion) schon behandelt wurden.

Kommunikation. Unter dem Begriff Kommunikation lässt sich ein Teilbereich der Interaktion verstehen, der auf die absichtsvolle Übermittlung von Informationen bzw. Botschaften zwischen einem Sender und einem Empfänger gerichtet ist (z.B. Nerdinger et al., 2008). Sie kann in unterschiedlichen Formen (verbal oder non-verbal), vermittelt über unterschiedliche Kanäle oder Medien (face-to-face, Papier, andere audio-visuelle Medien) in formal strukturierter oder informell unstrukturierter Form zwischen unterschiedlichen Sendern und Empfängern stattfinden und dabei einer Vielzahl unterschiedlicher Zwecke dienen, die mehr oder weniger gut erreicht werden können. Mit all diesen Aspekten beschäftigt sich die organisationale Kommunikationsforschung, wobei Kommunikation jedoch häufig als Teilaspekt anderer Themen (z.B. Führung, Personalauswahl) betrachtet wird.

Formale Kommunikation erfolgt in Organisationen nach festgelegten Regeln über Form, Medium, Weg und Zweck der Kommunikation. Ein wesentlicher Aspekt ist dabei die Struktur der Kommunikationswege, die sich als Ausdruck des Grades an Hierarchie und Zentralisierung werten lässt (s.a. Abschn. 5.3 unten). In Webers Idealmodell einer hierarchischen und zentralisierten Organisation fließen Informationen bspw. in Form einer vertikalen „Kette" entlang des Dienstwegs. Effizient ist dieser hohe Formalisierungsgrad bei einfachen Aufgaben, während sich für komplexe Probleme eine offene Kommunikationsstruktur („Totale": alle Mitglieder einer Gruppe kommunizieren direkt) als überlegen erwiesen hat. Für die Wahl des Kommunikationskanals hat das Konzept der *medialen Reichhaltigkeit* (media richness, vgl. Nerdinger et al., 2008) Beachtung gefunden, nach dem sich Medien durch die Vielfalt und Schnelligkeit der Informationsübermittlung kennzeichnen lassen (am reichhaltigsten ist Face-to-Face-Kommunikation, da sie unmittelbare Reaktionen und nonverbales Kommunizieren zulässt). Die Wahl des Mediums sollte mit Merkmalen der übermittelten Botschaft korrespondieren. In Organisationen findet formale Kommunikation über alltägliche Routineaktivitäten statt, seltener auch institutionalisiert und anlassbezogen z.B. in Form von *Mitarbeitergesprächen*. Ein Großteil der tatsächlichen Kommunikation in Organisationen ist jedoch informeller Natur. Die Arten *informeller Kommunikation* sind äußerst vielfältig und reichen von nonverbalen Signalen von eher symbolischem Gehalt (z.B. Wahl der Kleidung) über das belanglose „Schwätzchen" auf dem Flur bis zu mikropolitischem Verhalten wie der gezielten Streuung von Gerüchten oder Intrigen. Informelle Kommunikation kann einem breiteren Spektrum von Zwecken dienen als die zumindest vordergründig aufgabenbezogene formale Kommunikation und schließt die Befriedigung emotionaler und sozialer (u.U. auch antisozialer) Motive ein. Ein erheblicher Teil der informellen Kommunikation trägt jedoch durchaus zur Erfüllung der Organisationsziele

5.2 Mesoebene

bei und kann diese durch große Schnelligkeit und Flexibilität oft sogar besonders effizient erreichen.

Konflikte. Nicht immer verfolgen die Akteure innerhalb einer Organisation gemeinsame Ziele. Wenn zwei oder mehr Interaktionspartner nachdrücklich und bewusst versuchen, gegensätzliche Handlungspläne zu verwirklichen, entsteht ein *sozialer Konflikt* (z.b. Rüttinger, 1990; es gibt auch intrapersonale Konflikte). Dabei liegen die Ursprünge oft in der Verfolgung gemeinsamer Ziele und die Übergänge zwischen Kooperation und Konflikt sind so fließend, dass beide Themen manchmal als Einheit dargestellt werden (z.B. Spieß, 2004). Ein Punkt, in dem sich beide Themen berühren, ist bspw. die Erklärung von *Vertrauen* in Organisationen, das eine wichtige Voraussetzung für Kooperation ist und dessen Störung sowohl Ursache als auch Folge von Konflikten sein kann. Nach der neueren Forschung (zusammenfassend Spieß, 2004) entsteht Vertrauen der Mitarbeiter in die Führungskraft durch eine Reihe von Verhaltensweisen (u.a. dadurch, dass die Führungskraft durch Verantwortungsübertragung ihrerseits Vertrauen demonstriert, sich „kümmert" etc.), aber an erster Stelle durch Integrität (im Sinne der Konsistenz zwischen kommunizierten Werten und Verhalten). Ferner können nach neueren Annahmen Vertrauen und Misstrauen gegenüber derselben Person auch teilweise unabhängig voneinander koexistieren. Konflikte sind durch eine dynamische Entwicklung gekennzeichnet, die im günstigsten Fall (d.h. bei konstruktivem Verlauf) Probleme und Beziehungen klären und Veränderungen anregen kann, im ungünstigsten Fall aber in eine Eskalation mündet (s. dazu Nerdinger et al., 2008), bei ungleicher Machtverteilung evtl. auch in die systematische Schikanierung der unterlegenen Partei (*Mobbing*). Empirisch überwiegen insgesamt die negativen Folgen (De Dreu & Weingart, 2003).

Konflikte lassen sich nach zahlreichen Merkmalen klassifizieren. Besonders im deutschen Sprachraum hat die Klassifikation nach dem Konfliktgegenstand bzw. den Ursachen von Rüttinger (einführend 1990) große Bedeutung erlangt. Rüttinger unterscheidet *Bewertungskonflikte* (Handlungsergebnisse werden unterschiedlich bewertet; Bsp.: Controller und Ingenieure sehen das Kosten-Nutzen-Verhältnis einer Qualitätsverbesserung unterschiedlich), *Beurteilungskonflikte* (gleich bewertete Folgen werden als unterschiedlich wahrscheinlich angesehen; Bsp.: Controller glauben durch Kostenreduktion die Verkäufe zu steigern, Ingenieure wollen dasselbe durch Qualitätsverbesserung erreichen) und *Verteilungskonflikte* (Nullsummenspiel bei begrenzten Ressourcen; Bsp.: Finanz- und Entwicklungsvorstand streben beide den Posten des Vorstandsvorsitzenden an). *Beziehungskonflikte* sind ein Sonderfall, da sie nicht eigentlich mit den Aufgaben zu tun haben, sondern auf der persönlich-emotionalen Ebene liegen (Bsp.: Entwicklungsvorstand fühlt sich in seinem Selbstwert herabgesetzt, nachdem hinter seinem Rücken eine Strategie der Kostenreduktion beschlossen wurde).

Soziale Konflikte können durch unterschiedliche Strategien bewältigt bzw. gehandhabt werden. Nach Thomas (1992) lassen sich Strategien der *Konflikthandhabung* in einem „gemeinsamen Ergebnisraum" einordnen, der durch den Grad der Durchsetzung der Interessen beider Parteien aufgespannt wird (s. Abb. 5.4). Grundsätzlich kann versucht werden, Konfliktfolgen durch Meidung zu minimieren oder Konflikte durch Konfrontation zu lösen, wobei Letzteres durch unterschiedliche Formen aggressiven Handelns, durch Verhandeln (ggf. unter Einschaltung von Mediatoren) oder durch Entscheid von außen geschehen kann. Auch wenden Unternehmen institutionalisierte Formen der Konfliktlösung (z.B. Interessenvertretungen, Beschwerdewesen, Ombudsleute) an (vgl. Spieß, 2004).

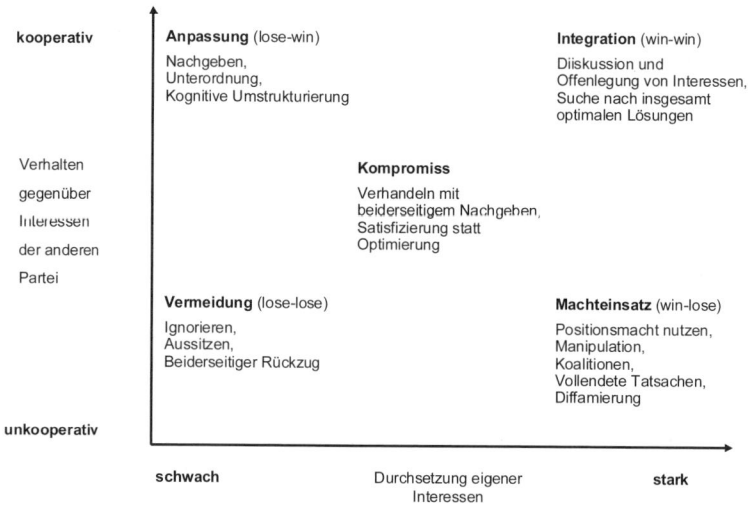

Abbildung 5.4: Formen der Konflikthandhabung im gemeinsamen Ergebnisraum (verändert nach Thomas, 1992 und Scholl, 2004)

5.3 Makroebene: Beschreibung und Gestaltung der Gesamtorganisation

Auf der Ebene der gesamten Organisation gibt es erhebliche Schnittmengen der Organisationspsychologie mit Nachbardisziplinen wie u.a. der soziologischen und betriebswirtschaftlichen Organisationslehre. Besonders bei der theoretischen Beschreibung von Organisationen erscheint es wenig sinnvoll, Erklärungsansätze nach disziplinärer Provenienz zu differenzieren, während es sich bei der Gestaltung durch Maßnahmen der Organisationsentwicklung eher um genuin psychologische Beiträge handelt.

5.3.1 Beschreibung: Organisationsstruktur und -theorien

Organisationsstruktur. Nach einer verbreiteten Definition handelt es sich bei einer Organisation (verkürzt) um ein soziales Gebilde, das mittels formaler Regelungen die Aktivitäten seiner Mitglieder auf die Verfolgung bestimmter Ziele ausrichtet (z.B. Scholl, 2004). Wirtschaftsorganisationen verfolgen i.d.R. aus dem Motiv der Gewinnerzielung angestrebte Leistungsziele (Bereitstellung von Produkten und Dienstleistungen), wobei die Leistungen so komplex sind, dass ihre Erbringung *Arbeitsteilung* zwischen den Mitgliedern erfordert, was wiederum das Erfordernis der *Koordination* der Handlungen nach sich zieht. Die Gesamtaufgabe muss also zunächst differenziert und dann wieder integriert werden. Dies ist Gegenstand der Organisationsstruktur, wobei Betriebswirte zwischen der Aufteilung in spezialisierte Organisationseinheiten in der Aufbauorganisation und der Strukturierung der Prozesse bei der Aufgabenerfüllung in der Ablauforganisation unterscheiden. Die Aufbauorganisation beschreibt also die *Konfiguration* der Arbeitsteilung und Koordination innerhalb der Organisation durch einzelne Einheiten sowie deren formale Beziehungen hinsichtlich Weisungen und Kommunikation. Als generelle Formen kommen unterschiedliche Organisationstypen in Betracht, darunter z.B. die klassische funktionale Organisation (nach betrieblichen Funktionen wie Fertigung, Marketing, Finanzen, HR usw.), Spartenorganisation (z.B. nach Produktgruppen, innerhalb derer alle Funktionen abgedeckt sind) oder die Matrixorganisation (bei der sich zwei Organisationsprinzipien überlagern, z.B. Funktionen mit Produkten). Diesen Typen entsprechen idealtypisch Kommunikationsstrukturen passender Komplexität, für deren Effizienz das oben (Abschn. 5.2.3) Gesagte gilt. Dargestellt wird die formale Struktur häufig in *Organigrammen*, informelle soziale Netzwerke können dagegen bspw. mit der soziologischen Methode der *Soziogramme* aufgedeckt werden (s. z.B. Weinert, 2004). Für die Abläufe der Integration (Koordination) der arbeitsteiligen Beiträge stehen unterschiedliche Möglichkeiten zur Verfügung, darunter *Standardisierung* (Vereinheitlichung durch Pläne oder festgelegte Programme), *Formalisierung* (aktenmäßige Dokumentation), persönliche *Weisungen* im Rahmen der Hierarchie oder der Verzicht darauf im Rahmen der *Delegation* von Entscheidungsbefugnissen.

Neben der formalen Struktur besitzen Organisationen auch eine informelle, hintergründige Struktur, die sich aus innerhalb der Organisation geteilten Überzeugungen zusammensetzt, sich in Form von tradierten Verhaltensmustern, Legenden (etwa über die Person des Gründers) und anderen symbolischen Ausdrucksformen manifestiert und das Wesen dieser Organisation ausmacht. Diese Elemente werden unter dem Begriff *Organisationskultur* zusammengefasst. Dieses Verständnis geht auf Schein (1985) zurück, der in seiner Theorie der Organisationskultur drei Ebenen unterscheidet (einführend z.B. Nerdinger et al., 2008). Aufbauend auf grundlegenden, nicht explizit bewussten Annahmen über die Natur der Wirklichkeit werden handlungsleitende Maximen oder Werte abgeleitet, die sich schließlich in beobachtbaren Artefakten (Verhalten und Verhaltensergebnisse) niederschlagen. Von zunehmender Bedeutung ist der Begriff Kultur aber noch in einem anderen Sinne. International agierende Organisationen, aber auch alle Unternehmen, deren Belegschaft „multikulturell" zusammengesetzt ist, müssen als Randbedingung ihres Handelns *interkulturelle Unterschiede* beachten. Inzwischen ist Interkulturalität ein eigenständiges Forschungsgebiet der Organisationspsychologie (s. dazu Weinert, 2004). Vom Begriff der Organisationskultur zu unterscheiden ist das *Organisationsklima* (manchmal auch als Betriebsklima verkürzt), das sich auf die geteilte (empirisch eher gemittelte) Wahrnehmung bzw. das insbesondere emotionale Erleben einer Organisation durch ihre Mitglieder bezieht (vgl. Nerdinger et al., 2008). Insofern stellt es eine Art kollektives Einstellungskonstrukt dar, das auf der Gruppenebene mit Kohäsion, auf der individuellen Ebene mit Arbeitszufriedenheit und Commitment verwandt ist.

Organisationstheorien. In zahlreichen weiteren Organisationstheorien wird versucht, zum Kern des Wesens und Handelns von Organisationen

5.3 Makroebene

vorzudringen. Angesichts der Komplexität des Gegenstands bleibt es dabei nicht aus, dass bestimmte Aspekte zu Lasten anderer in den Vordergrund gerückt werden. Eine bildhafte Möglichkeit, die äußerst heterogenen organisationstheoretischen Ansätze zu klassifizieren, besteht darin, die dahinter stehenden Perspektiven als Metaphern aufzufassen (s. dazu Scholl, 2004). Die bereits in Kap. 2 dargestellten klassischen Ansätze von Weber und besonders Taylor lassen sich bspw. mit der Vorstellung einer Organisation als gut geölte, funktionierende Maschine verbinden. Ebenfalls klassisch, jedoch der Maschinenmetapher diametral entgegengesetzt, ist die Fokussierung humanistischer Theorien auf die Bedürfnisse der Organisationsmitglieder. Neben dem ungebrochen populären Maslow ist hier mit Bezug auf Organisationen insbesondere die sog. *Theorie X vs. Y* von McGregor (1960) zu nennen. McGregor kontrastiert darin das tayloristische Bild vom Arbeiter als einem rein materiell motivierten Menschen (dies nennt er „Theory X") mit dem humanistischen Menschenbild des intrinsisch motivierten, nach Selbstverwirklichung strebenden Individuums („Theory Y").

Bis heute ausgesprochen einflussreich ist die Betrachtung von Organisationen als „lebende" Organismen (beide Begriffe stammen von gr. „organon" = Werkzeug). Dabei werden Organisationen als offene Systeme angesehen, die zur Abwendung natürlicher Zersetzungsprozesse stetig Energie aus der Umwelt aufnehmen (input, z.B. Kapital), diese durch interne Prozesse transformieren (throughput, z.B. Fertigung) und in transformierter Form nach außen abgeben (output, z.B. Produkte). Da mehrere Wege zum Ziel führen können (Equifinalität) wird zur Regulation des Systems ferner Feedback von außen benötigt, wodurch ein geschlossener Zyklus entsteht. Systemtheoretische Betrachtungen liegen u.a. dem schon mehrfach angesprochenen soziotechnischen Ansatz sowie soziologischen Organisationskonzepten zugrunde (vgl. Kleinmann & Wallmichrath, 2004), in der beschriebenen Form aber besonders der *Systemtheorie* von Katz und Kahn (1966), die neben den Außenbeziehungen insbesondere auch die Regulation der internen Prozesse durch Rollendifferenzierung zwischen den Subsystemen untersucht. Katz und Kahn betonten ferner erstmals den Stellenwert situativer Merkmale, was später in *Situationstheorien* der Organisation besonders durch die Untersuchung des Einflusses der oben beschriebenen Strukturmerkmale vertieft wurde (empirisch allerdings ohne durchschlagenden Erfolg, vgl. Walgenbach, 2004). Unter dem Gesichtspunkt des Problemlösens betrachtet die

Theorie der *begrenzten Rationalität* (March & Simon, 1958) Organisationsmitglieder als durch menschliche Unzulänglichkeiten und unvollständige Information begrenzte Problemlöser, weshalb keine optimalen, sondern lediglich befriedigende Lösungen innerhalb des eigenen Blickfelds gesucht werden. Unter den zahlreichen weiteren einflussreichen Organisationstheorien seien hier lediglich kursorisch erwähnt die Betrachtung interner Beziehungen der Akteure als durch Kosten-Nutzen-Erwägungen gesteuerte Austauschbeziehungen im Rahmen der *Institutionenökonomie* (z.B. Agenturtheorie, Transaktionskostentheorie), die Fokussierung auf die Organisation als *politische Arena* zur Durchsetzung eigener Interessen (z.B. mittels der schon erwähnten Mikropolitik) oder die Untersuchung der Auflösung starrer organisationaler Strukturen nach innen und außen im Rahmen von *Netzwerkanalysen* (vgl. Scholl, 2004; Walgenbach, 2004).

5.3.2 Gestaltung: Organisationsdiagnose und -entwicklung

Organisationsdiagnose. Zur Ableitung von konkreten Interventionen muss zunächst wieder die Ist-Situation analysiert werden. Die Diagnose der Gesamtorganisation erfordert idealtypisch ein ausgesprochen komplexes Vorgehen, das die Ebenen des Individuums, der Arbeitsgruppen und größeren Organisationseinheiten und der übergeordneten Struktur einschließlich aller relevanten Innen- und Außenbeziehungen einbezieht (s. Kleinmann & Wallmichrath, 2004). Ein integrativer organisationsdiagnostischer Ansatz, der alle diese Elemente in einem äußerst ambitionierten „großen Wurf" einschließt, stammt von Van de Ven und Ferry (1980; s. Abb. 5.5). Im Grunde kommt in den vier Modulen dieses Instrumentariums das gesamte Spektrum organisationspsychologischer Messverfahren zum Einsatz. Das wohl am häufigsten eingesetzte spezifische Verfahren der Organisationsdiagnose ist jedoch die *Mitarbeiterbefragung*. Borg (2006) unterscheidet hier vier Haupttypen, nämlich (1) die Meinungsumfrage (einmalige punktuelle Befragung), (2) die Benchmark-Umfrage (wiederholte Befragung mit dem Ziel des Vergleichs mit externen Standards), (3) die Klimabefragung mit Rückspiegelung (survey feedback, s.u.) sowie (4) das sog. Aufbau- und Einbindungsmanagement-Programm (AEMP, ein zyklischer, auf Dauer angelegter Prozess aus Diagnose- und Interventionsphasen). Zumindest die letzten beiden

5.3 Makroebene

Befragungstypen haben eindeutig bereits den Charakter von Interventionen. Mitarbeiterbefragungen können sich auf unterschiedliche Gegenstände richten und verschiedene Erhebungsmethoden einsetzen; typisch ist jedoch die standardisierte schriftliche Befragung zu Merkmalen wie Arbeitszufriedenheit und Organisationsklima. Hinweise zur praktischen Gestaltung und Durchführung gibt Borg (2006).

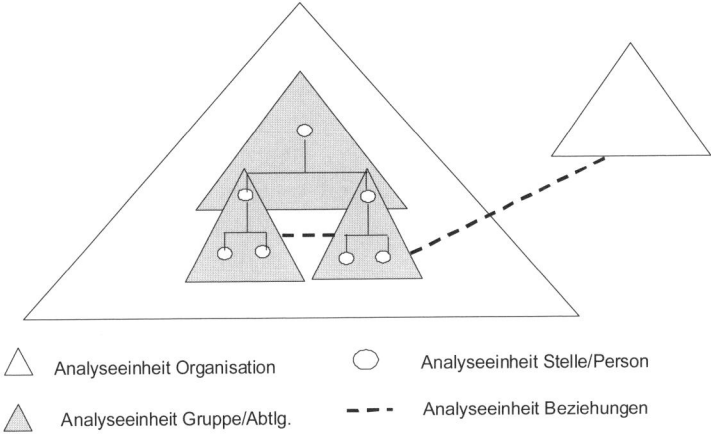

△ Analyseeinheit Organisation   ○ Analyseeinheit Stelle/Person

▲ Analyseeinheit Gruppe/Abtlg.   - - - Analyseeinheit Beziehungen

Abbildung 5.5: Analyseeinheiten der Organisation (nach Van de Ven & Ferry, 1980)

Organisationsentwicklung. Unter dem Begriff *Organisationsentwicklung* (OE) werden geplante, langfristig angelegte Maßnahmen des Wandels in Organisationen verstanden, durch die unter Beteiligung der betroffenen Mitarbeiter Lern- und Problemlöseprozesse angeregt werden sollen. Dieses Begriffsverständnis entstammt der Psychologie und ist abzugrenzen von dem weiter bzw. anders gefassten betriebswirtschaftlichen Begriff des *Change Management*, worunter v.a. Konzepte zur Effizienzsteigerung (z.B. das schon erwähnte Business Reengineering oder auch das Total Quality Management, TQM) subsumiert werden (s. Nerdinger et al., 2008). Psychologische OE-Maßnahmen zielen sowohl auf Effizienz- als auch Humanziele, oft mit deutlicher Betonung letzterer, was sich bei betriebswirtschaftlichen Konzepten eher umgekehrt verhält. Allerdings schließen moderne Qualitätskonzepte Humanziele explizit ein, so dass die Abgrenzung nicht immer leicht fällt.

Die klassische psychologische OE geht in ihren Grundlagen wie auch in ihren konkreten Maßnahmen auf Kurt Lewin zurück (im Überblick Nerdinger et al., 2008). Eine weitere wichtige Quelle, die bereits mehrfach behandelt wurde, ist die sozio-technische Systemtheorie. Zu Lewins grundlegenden Beiträgen gehört u.a. die Auffassung, dass vor dem Erlernen neuer Verhaltensweisen zunächst alte Gewohnheiten aufgebrochen werden müssen. Organisationale Veränderungen vollziehen sich nach Lewin daher immer in dem Dreischritt Auftauen-Verändern-Einfrieren (unfreeze-move-refreeze). Der erste Schritt erfordert zunächst das Bewusstmachen des Veränderungsbedarfs, der letzte Schritt richtet sich auf die Verfestigung des neu erlernten Verhaltens. Ein weiterer programmatischer Beitrag Lewins ist das Konzept der *Aktionsforschung*, womit im Kern gemeint ist, dass Organisationsforscher den Elfenbeinturm verlassen und gemeinsam mit Betroffenen Probleme analysieren und Lösungen erarbeiten sollten, statt sie zu belehren. Dies definiert das Verhältnis zwischen Forscher und Erforschten als eine Subjekt-Subjekt-Beziehung und damit letztlich auch die Rolle des OE-Beraters als *Prozessberater* (change agent), der Hilfe zur Selbsthilfe anbietet und Veränderungen ermöglicht, ohne sie selbst auszulösen. Dieses Rollenverständnis unterscheidet sich grundlegend von dem des Unternehmensberaters als „Macher", der kommt, sieht und sagt, was zu tun ist.

Zu den praktischen Umsetzungsvorschlägen Lewins gehört die *Laboratoriumsmethode*, die unter dem (meist synonym gebrauchten) Stichwort Sensitivitätstraining bereits in Abschn. 4.5 vorgestellt wurde. Bereits erwähnt wurde ebenfalls das *Survey Feedback*, das als prototypische Umsetzung der Aktionsforschung angesehen werden kann. Hier werden, ggf. in mehreren Runden, zunächst Problembereiche im Rahmen einer Befragung (survey) der Betroffenen selbst erhoben und anschließend die Ergebnisse diesen zurückgemeldet (feedback). Die Betroffenen sollen die Befunde dann vor dem Hintergrund ihrer Erfahrungen analysieren und in gemeinsamen Arbeitsgruppen mit Management und Berater Lösungen erarbeiten und umsetzen, die dann in einer neuen Survey-Feedback-Runde evaluiert werden. OE-Maßnahmen in der Lewinschen Tradition sind Beispiele für die Klasse *personaler OE-Maßnahmen*, die in dem bekannten SORK-Schema vorwiegend an den Elementen *Organismus* (Mitarbeiter bzw. deren Einstellungen) und *Reaktion* (Verhalten) ansetzen (vgl. Gebert, 2004). Dem können als weitere allgemeine Klasse von Interventionen *strukturale OE-Maßnahmen* gegenübergestellt wer-

5.3 Makroebene

den, die vorwiegend am Stimulus (der Arbeitssituation) oder den Konsequenzen (etwa der Produktivität) ansetzen. Hierzu gehören neben den oben erwähnten Management-Konzepten auch bereits in früheren Abschnitten behandelte Maßnahmen der Arbeitsgestaltung für Individuen und Gruppen (z.b. job enrichment, autonome Gruppen, PPM, MbO, Qualitätszirkel). In verschiedenen Metaanalysen (zusammenfassend Gebert, 2004) zeigten sowohl personale als auch strukturale Maßnahmen überwiegend positive Auswirkungen. Allerdings sind die Ergebnisse differenziert zu betrachten. Bei großer Streuung sind tendenziell personale Maßnahmen gemessen an „weichen" Kriterien (v.a. Arbeitseinstellungen) effektiver, während sich strukturale Maßnahmen eher auf „harte" Kriterien (Verhalten und Ergebnisse) auswirken.

Wesentliche Voraussetzungen für den Erfolg der Maßnahmen sind einerseits die Unterstützung durch das Management, andererseits die Akzeptanz durch die Betroffenen. Bei Mitarbeitern lösen Veränderungen mglw. Ängste vor dem Verlust von Qualifikationen, Status oder auch schlicht des Arbeitsplatzes aus, die zum *Widerstand gegen OE-Maßnahmen* führen können. Als Schlüssel zum Umgang mit solchen Widerständen gelten rechtzeitige und umfassende Information, das Angebot ausreichender Lernmöglichkeiten und insbesondere die *Partizipation* der Betroffenen (vgl. Gebert, 2004). Letzteres gilt auch als Erfordernis zur Schaffung einer Kultur der Veränderung und Innovation im Rahmen von Ansätzen der *lernenden Organisation*, wenn über rein adaptives Lernen zur Fehlerkorrektur (single loop learning) hinaus Ziele und Vorgehensweisen generell hinterfragt (double loop learning) und neu gestaltet werden sollen (vgl. Nerdinger et al., 2008).

Weiterführende Literaturempfehlungen

Nerdinger, F., Blickle, G. & Schaper, N. (2008). *Arbeits- und Organisationspsychologie.* Heidelberg: Springer. (insbes. Kap. 5, 9, 11 und 12).
Scholl, W. (2004). Grundkonzepte der Organisation. In H. Schuler (Hrsg.), *Lehrbuch Organisationspsychologie* (3. überarb. Aufl.) (S. 515-565). Bern: Huber.
Sturm, A., & Opterbeck, I. (im Druck). *Organisationspsychologie.* Wiesbaden: VS Verlag für Sozialwissenschaften.
Weinert, A.B. (2004). *Organisations- und Personalpsychologie* (5. vollst. überarb. Auflage. Weinheim: Beltz. (insbes. Kap. 5, 6.1-6.7, 8 und 9).

6 Forschungsmethoden der Arbeits- und Organisationspsychologie

Empirische Untersuchungen in der AO-Psychologie unterscheiden sich nicht im Grundsatz, aber häufig in wichtigen Details von der Vorgehensweise in den Grundlagendisziplinen. Die Abweichungen haben dabei überwiegend mit der Kontextgebundenheit anwendungsbezogener Forschung zu tun (vgl. Bungard, 2004). In der folgenden Darstellung soll dabei das Augenmerk auf solche Besonderheiten gelegt werden, während methodische Grundbegriffe (z.B. Variablen, Hypothesen, Experiment, Korrelation etc.) weitgehend als bekannt vorausgesetzt werden (vgl. dazu allgemein auch z.B. Bortz, 2005; Bortz & Döring, 2006). Das Kapitel gliedert sich nach den typischen Phasen im Untersuchungsablauf in die (1) Klärung von Problemstellung und Untersuchungsziel, (2) die Untersuchungsplanung, (3) die Datenerhebung, (4) deren Auswertung sowie (5) die Interpretation und Kommunikation der Ergebnisse. Diese Phasen lassen sich in abgewandelter Form auch auf die Planung, Durchführung und Evaluation AO-psychologischer Interventionen übertragen. So sollten etwa bei einem Training (vgl. Abschn. 4.5) zunächst Ziele und Bedarf ermittelt, begleitend zur (hypothesengeleiteten) Gestaltung des Trainings auch das Design der Evaluation mit geplant, beides durchgeführt, die Ergebnisse ausgewertet und schließlich hinsichtlich ggf. sinnvoller Änderungen interpretiert und den Beteiligten vermittelt werden. Dies sollte dem möglichen Missverständnis vorbeugen, Kenntnisse der Forschungsmethoden seien für praktisch arbeitende AO-Psychologen vor allem während des Studiums wichtig (s.a. Kap. 1 zum Scientist-Practitioner-Modell).

6.1 Problemstellung, Untersuchungsziel und Hypothesenformulierung

Forschung findet immer unter praktischen Rahmenbedingungen statt, zu denen u.a. die *Interessen* beteiligter Parteien, *ethische und rechtliche Grenzen*, die *Verfügbarkeit von Ressourcen* (insbes. Zeit, Geld und menschliche Arbeitskraft) sowie *Merkmale des Untersuchungsfelds* gehören. Ein erster Unterschied gegenüber Grundlagendisziplinen liegt darin, dass in der AO-Psychologie Anlass, Gegenstand und Ziel der Untersuchung häufig nicht dem eigenen Interesse der Forscherin entspringen, sondern von außen vorgegeben werden. Es handelt sich dann also um *Auftragsforschung*. Zum Beispiel könnte eine psychologische Unternehmensberatung mit der Durchführung einer Arbeitsanalyse oder einer Mitarbeiterbefragung beauftragt werden. In diesem Fall wird besonders deutlich, dass an angewandter AO-Forschung neben Untersuchern und Untersuchten (meist Mitarbeitern in Unternehmen) mindestens eine dritte Partei beteiligt ist, bei der es sich i.d.R. um die Unternehmensleitung handelt. Dies ist auch dann der Fall, wenn die Initiative von der Forscherin ausgeht, da sich zumindest in Felduntersuchungen das ethische Prinzip des informierten Einverständnisses nicht nur auf die Untersuchungsteilnehmer, sondern auch auf die Entscheidungsträger der Institution erstreckt, in der die Studie stattfinden soll. Wie in Kap. 1 erläutert, gehört es zum Selbstverständnis der AO-Psychologie, die Interessen sowohl der Mitarbeiter als auch der Organisationsleitung zu berücksichtigen. Schwierig kann dies für die Forscherin besonders dann werden, wenn zwischen den Parteien *Interessenkonflikte* bestehen, wenn das Management durch *Desinteresse* an Ergebnissen und deren Konsequenzen oder – umgekehrt – durch die *interessengeleitete Einflussnahme* auf Ergebnisse und Interpretation wissenschaftliche Prinzipien konterkariert oder wenn die Forscherin selbst einem *Rollenkonflikt* (z.B. weil sie als Angestellte oder externe Beraterin wirtschaftlich abhängig ist) unterliegt (vgl. Moser, 2004). Ethische Grundsätze, wie z.B. die Verantwortung für den Schutz der Untersuchungsteilnehmer vor Schaden durch ihre Teilnahme, gelten für AO-Psychologen aber unabhängig von ihrem Status und müssten im Zweifel ggf. auch die Ablehnung eines Auftrags nach sich ziehen. Ferner haben nicht nur die einzelnen Teilnehmer, sondern, sofern gewünscht, auch die Organisation einen Anspruch auf Wahrung ihrer Anonymität. Häufig sind jedoch die Interessen der Beteiligten durchaus miteinander zu vereinbaren, ins-

6.1 Problemstellung, Untersuchungsziel und Hypothesenformulierung

besondere wenn diese Interessen frühzeitig geklärt werden, durch rechtzeitige und umfassende Information eine vertrauensvolle Atmosphäre geschaffen und ggf. durch Partizipation bei der Planung die Berücksichtigung unterschiedlicher Bedürfnisse sichergestellt wird (vgl. Abschn. 5.3.2).

Das Vorgehen bei der inhaltlichen Abgrenzung der Problemstellung hängt dann wieder u.a. davon ab, von wem die Initiative ausging. Im Prinzip geht es, wie stets in der empirischen Forschung, an dieser Stelle darum, das Erkenntnisziel zu definieren und durch konkrete Formulierung von *Forschungsfragen* (Was will ich herausfinden?) und ggf. die Zerlegung in Teilziele zu konkretisieren, den bisherigen theoretischen und empirischen *Kenntnisstand* (insbes. durch Literaturrecherche) dazu aufzuarbeiten und schließlich auf dieser Grundlage informierte und überprüfbar formulierte Vermutungen über Antworten zu den Forschungsfragen (*Hypothesen*) aufzustellen. Wenn die Initiative vom Forscher selbst ausgeht, unterscheiden sich diese Schritte inhaltlich kaum vom Vorgehen in der Grundlagenforschung: Die Problemstellung ergibt sich meist aus individuellem Forschungsinteresse bzw. aus identifizierten Lücken im wissenschaftlichen Kenntnisstand, ist also eher allgemeiner Natur, und mündet in die theoretisch und empirisch fundierte Formulierung von Hypothesen bzw. Modellen. Stärker als in der Grundlagenforschung ist jedoch bei der Problemstellung die (durchaus auch mittelbare) praktische Relevanz des Erkenntnisinteresses mit zu bedenken. Ferner müssen für die praktische Realisierbarkeit des Projekts die Rahmenbedingungen antizipiert werden. Die Stichprobenrekrutierung stellt in der Feldforschung häufig den praktisch am schwierigsten umzusetzenden Schritt dar, was schon die Auswahl der Themen eingrenzen kann. Bei der Formulierung von Hypothesen muss bedacht werden, ob deren Prüfung (z.B. durch experimentelle Designs) realisiert werden kann.

Idealtypisch gelten dieselben Prinzipien und Vorgehensweisen zwar auch für die Auftragsforschung; hier ergeben sich im Einzelnen jedoch oft spezifische Problemlagen (vgl. z.B. Moser, 2004). Naturgemäß stehen dabei oft organisationsspezifische und anlassbezogene Fragestellungen (z.B. eine Mitarbeiterbefragung anlässlich steigender Fehlzeiten) gegenüber dem allgemeinen Erkenntnisinteresse im Vordergrund. Nicht selten wird der Auftraggeber sogar einer anonymisierten Publikation der Ergebnisse widersprechen, wozu er im Fall der Auftragsforschung auch berechtigt ist. Anders zu beurteilen ist in dieser Hinsicht, Anonymisierung vorausgesetzt, die vom

Untersucher initiierte Forschung, bei der Nichtpublikation (z.b. studentischer Abschlussarbeiten[3]) ebenfalls manchmal zur Auflage gemacht wird. Da die Problemstellung bei der Auftragsforschung i.d.R. von Laien an den Forscher herangetragen wird, sind Themen und Ziele oft vage und in wissenschaftlich nicht unmittelbar verwendbaren Begriffen formuliert, so dass erhebliche konzeptionelle Vorarbeiten zur Formulierung in Hypothesenform nötig sein können. Dabei besteht allerdings die Gefahr, mit der Arroganz des „Experten" die eigentlichen Probleme des Klienten und die praktische Umsetzung der Lösungen aus den Augen zu verlieren. Die forschungsleitende Formulierung erreicht besonders in der Auftragsforschung manchmal nicht die Form formal prüfbarer Hypothesen (z.b. „Geringe Arbeitszufriedenheit führt zu höheren Fehlzeiten."), sondern verbleibt auf der explorativen Stufe der Forschungsfragen (z.b. „Wovon hängen Fehlzeiten ab?"). Für die Exploration bietet sich im Weiteren u.U. ein qualitatives Vorgehen an (s. dazu unten mehr), während für quantitative Studien zumindest die Spezifikation der als relevant erachteten Variablen notwendig ist.

6.2 Untersuchungsplanung

Für die Planung der wesentlichen Merkmale wird manchmal synonym auch der Begriff „Design" verwendet. Im engeren Sinne bezeichnet das Design die Planung der Untersuchungsanlage hinsichtlich der *Kontrolle der Versuchsbedingungen* (experimentell vs. „korrelativ") und Anzahl der *Messzeitpunkte* (Querschnitt vs. Längsschnitt). Ferner gehört zur Untersuchungsplanung die Auswahl des *Untersuchungskontexts* (Feld vs. Labor), der *Stichprobe* bezüglich Zusammensetzung und Größe sowie der *Untersuchungsmaterialien*. Da Letzteres unmittelbar die Art der Datenerhebung bestimmt, wird dieser Aspekt im folgenden Abschnitt behandelt. Ferner müssen auch konkrete Details wie u.a. der Zeitplan und Logistik der Erhebung (z.B. Vervielfältigung, Dis-

---

[3] Hier besteht der Verdacht, dass es sich bei einem solchen „Angebot" um verkappte Auftragsforschung zum Nulltarif handelt. Die Ergebnisse selbst initiierter Forschung gehören dem Forscher und *sollten*, Anonymisierung der Quelle vorausgesetzt, öffentlich zugänglich gemacht werden. Nach Möglichkeit sind Abschlussarbeiten unter Geheimhaltungsvorbehalt deshalb abzulehnen.

6.2 Untersuchungsplanung

tribution und Einsammeln von Fragebogen, technische Umsetzung bei Online-Erhebung, Betreuung während der Datenerhebung), die Ansprache und Instruktion der Teilnehmer (dies gehört neben den Erhebungsmethoden ebenfalls zu den Materialien) sowie ggf. die Rückmeldung der Ergebnisse an Teilnehmer und Auftraggeber geplant werden.

Die Einhaltung ethischer (s. zu diesbezüglichen AO-Spezifika Aguinis & Henle, 2002) und rechtlicher (s. dazu Bungard, 2004) Rahmenbedingungen sowie die grundsätzliche Realisierbarkeit sind unabdingbare Voraussetzungen jeglicher Forschung. Die relativen Vor- und Nachteile der nachfolgend beschriebenen wesentlichen Handlungsalternativen der Untersuchungsplanung (d.h. Anlage, Kontext und Stichprobe) sind vor allem unter drei Gesichtspunkten zu beurteilen. Die *interne Validität* betrifft das Ausmaß, in dem die Ergebnisse tatsächlich Rückschlüsse auf die untersuchten (besonders kausalen) Beziehungen zwischen den Variablen zulassen und wird v.a. durch die Kontrolle über die Versuchsbedingungen bestimmt. Die *externe Validität* bezieht sich auf die Generalisierbarkeit bzw. die Übertragbarkeit der Befunde über den unmittelbaren Untersuchungskontext hinaus und wird wesentlich dadurch beeinflusst, wie realitätsnah und repräsentativ die aktuellen Untersuchungsbedingungen sind. Da zwischen interner und externer Validität ein partieller Zielkonflikt besteht (Kontrolle ist am sichersten durch Ausschaltung der Störeinflüsse realer Situationen zu erzielen), sind an dieser Stelle leider oft Kompromisse nötig. Obwohl beide Ziele sowohl in der Grundlagen- als auch in der angewandten Forschung als wichtig erachtet werden, neigen Grundlagenforscher doch recht eindeutig zur Betonung der internen Validität, während in der AO-Psychologie aufgrund ihrer Anwendungsnähe die externe Validität meist als mindestens gleichrangiges Ziel behandelt wird. Ein drittes wesentliches Kriterium, das häufig übersehen wird, ist die *Forschungsökonomie*, die das Kosten-Nutzen-Verhältnis bzw. den mit gegebenen Ressourcen erzielbaren Erkenntnisfortschritt betrifft. Da für praktische Forschung keine unbegrenzten Mittel in Form von Geld, Zeit (besonders der Teilnehmer!) und Expertise zur Verfügung stehen, stellt auch dieses Ziel ein wichtiges Beurteilungskriterium dar.

Untersuchungsanlage und Untersuchungskontext. Diese beiden logisch und in ihren Konsequenzen unterschiedlichen Aspekte werden leider gern in einen Topf geworfen, was gerade für die Versuchsplanung in der AO-Psychologie wenig hilfreich ist (vgl. Stone-Romero, 2002). Die *Unter-*

suchungsanlage betrifft zunächst die Kontrolle der Versuchsbedingungen durch die grundsätzlichen Forschungsstrategien der *experimentellen* vs. *nicht-experimentellen Forschung* (für Letztere ist der Begriff *korrelative Forschung* verbreitet, aber irreführend, da sich Korrelationen auf die Auswertung beziehen und durchaus auch in experimentellen Designs verwendet werden). Zur Sicherstellung der internen Validität ist das Experiment unerreicht. Pragmatische Erwägungen (s.u.) führen allerdings dazu, dass in der AO-Psychologie echte Experimente selten realisiert werden. Stattdessen sind nicht-experimentelle, „korrelative" Versuchsanlagen der wohl häufigste Fall in der AO-Psychologie. Eine Art Kompromiss zwischen beiden Extremen stellen *quasi-experimentelle Versuchspläne* dar, bei denen zwar die unabhängigen Variablen manipuliert werden (oft allerdings in vorgefundener, vom Forscher direkt nicht beeinflusster Form), die übrigen Versuchsbedingungen und insbes. die Zuweisung der Teilnehmer zu den Gruppen aber nicht beeinflusst, sondern nur durch Messung post-hoc statistisch kontrolliert werden können. Hinsichtlich der Ausschaltung möglicher Bedrohungen der internen Validität sind Quasi-Experimente deshalb schwächer als echte Experimente, jedoch korrelativen Studien im Prinzip überlegen. Aufgrund ihrer Bedeutung für die AO-Psychologie werden Quasi-Experimente in Exkurs 6.1 unten etwas ausführlicher dargestellt.

Beim *Untersuchungskontext* geht es vor allem darum, ob die Untersuchungssituation (das „setting") eigens für die Forschung künstlich erzeugt (*Laborstudie*) oder natürlich vorgefunden (*Feldstudie*) wird. Das Labor erlaubt es, mögliche Störeinflüsse relativ umfassend auszuschalten bzw. zu kontrollieren, was die interne Validität verbessert und die Beliebtheit von Laborstudien in der Grundlagenforschung erklärt. Dagegen ist es ausgesprochen schwierig, sämtliche potenziell relevanten Bedingungen des realen Kontexts im Labor nachzubilden. Der große Vorzug der Feldforschung liegt also in der externen Validität (bzw. in deren Aspekt des Realismus, der manchmal auch als ökologische Validität bezeichnet wird). In der AO-Psychologie wird dieser Aspekt häufig höher bewertet als die interne Validität, weshalb die Feldforschung in diesem Fach meist bevorzugt wird. Tatsächlich ist die Übertragbarkeit der Befunde aus der Laborforschung auf reale Organisationen in vielen Fällen fraglich und in manchen Fällen nachweislich gescheitert (vgl. z.B. Marcus, 2009, zu Laborexperimenten zur Verfälschung von Persönlichkeitstests). Andererseits ist es überzogen, wenn manche Autoren die Labor-

6.2 Untersuchungsplanung

forschung für die AO-Psychologie grundsätzlich ablehnen (vgl. dazu Stone-Romero, 2002). Vielmehr sollten Vor- und Nachteile für die spezifische Forschungsfrage individuell abgewogen werden, wobei diese Abwägung in der AO-Psychologie allerdings meist zugunsten der Feldforschung ausgehen dürfte.

Grundsätzlich können alle Forschungsstrategien sowohl im Feld als auch im Labor realisiert werden. Die bisherigen Ausführungen zum Einfluss der Handlungsalternativen auf die interne und externe Validität führen zu dem Schluss, dass die ideale Versuchsanordnung in der AO-Psychologie das echte Feldexperiment wäre. Allerdings ist dies organisationalen Entscheidungsträgern oft kaum vermittelbar und scheitert außerdem häufig schon aus ethischen Gründen. Zum Beispiel wäre es inakzeptabel und ethisch bedenklich, wenn man den Einfluss von Führungsstilen untersuchen wollte, indem man Mitarbeiter per Zufall Arbeitsgruppen zuweist, deren Leiter Entscheidungen konsistent entweder autokratisch oder partizipativ treffen. Echte Feldexperimente sind in der AO-Psychologie daher extrem selten (für ein Gegenbeispiel s. Bsp. 5.1 oben). Die Bevorzugung nicht-experimenteller Designs liegt u.a. daran, dass sie sich im Feld relativ ökonomisch realisieren lassen, und dass viele unabhängige Variablen (z.B. Persönlichkeitsmerkmale, Einstellungen) kaum experimentell variierbar sind. Als typisch für die AO-Psychologie können daher korrelative Feldstudien gelten. Häufig kommen allerdings auch Quasi-Experimente im Feld vor, die unter den realisierbaren Alternativen oft den günstigsten Kompromiss zwischen interner und externer Validität darstellen (s. Exkurs 6.1).

Exkurs 6.1: Quasi-Experimente und Validitätsbedrohungen

Die Theorie des Quasi-Experiments geht wesentlich auf die Arbeitsgruppe um Donald Campbell zurück (z.B. Cook, Campbell & Peracchio, 1990). Die Autoren entwickelten eine Vielzahl quasi-experimenteller Versuchspläne und untersuchten diese hinsichtlich ihres Einflusses auf vier Arten der Validität kausaler Schlüsse in Experimenten (neben interner und externer Validität auch die „statistische Entscheidungsvalidität" und die „Konstruktvalidität von Ursache und Wirkung"; die beiden letzten Arten werden hier nicht weiter vertieft). Zur Beurteilung entwickelten sie für alle Arten Listen von *Validitätsbedrohungen*. Die folgende Liste beschränkt sich auf Bedrohungen der internen Validität, die durch den Mangel an Kontrolle im

Quasi-Experiment besonders betroffen ist (zu anderen Validitätsarten und Wechselwirkungen vgl. Cook et al., 1990):

- Zeitgeschehen (history): Effekt geht nicht auf das Treatment, sondern auf ein anderes Ereignis zwischen Pretest und Posttest zurück.
- Reifung (maturation): Effekt geht auf biologische oder psychosoziale Entwicklung zwischen den Messzeitpunkten zurück.
- Testwiederholung (testing): Effekt wird durch Lern- oder Erinnerungseffekte aufgrund früherer Messung verzerrt.
- Teständerung (instrumentation): Effekt ändert sich durch Wechsel des eingesetzten Instruments oder der Beobachter zwischen den Messungen.
- Regression zur Mitte (statistical regression): Bei Gruppenaufteilung nach Vormessung in hohe und niedrige Werte führt der statistische Fehlerausgleich bei der Nachmessung zu weniger extremen Unterschieden.
- Vorauswahl (selection): Effekt des Treatment wird bei fehlender Randomisierung durch bestehende systematische Unterschiede überlagert.
- Ausfälle (mortality): Effekt im Posttest wird konfundiert durch systematische Unterschiede zwischen ausgefallenen und verbliebenen Vpn.

Einige häufige Versuchsanordnungen eignen sich deshalb bei fehlender Randomisierung grundsätzlich nicht, um kausale Schlüsse zu ziehen (z.B. bloße Nachmessung bei einer nicht äquivalenten Kontrollgruppe). Auch das klassische Pretest-Posttest-Kontrollgruppen-Design eignet sich nur begrenzt, da z.B. Selektionseffekte mit anderen Bedrohungen in schwer kontrollierbarer Weise interagieren können. Dazu ein Beispiel: Teilnehmer eines Trainings wurden aufgrund besonderer Vorleistungen nominiert und der Trainingserfolg soll nun durch Vergleich mit einer nicht trainierten Gruppe evaluiert werden. Zwischen Experimental- und Kontrollgruppe bestanden also schon vor dem Training Leistungsunterschiede. Erwartungskonforme Leistungssteigerungen in der Nachmessung lassen sich hier nicht unbedingt kausal als Trainingserfolg interpretieren, da der Selektionseffekt mglw. mit der Reifung interagiert: Die ohnehin leistungsfähigen Mitarbeiter könnten von bloßem Erfahrungslernen im Zeitverlauf stärker

6.2 Untersuchungsplanung

profitieren als die weniger Leistungsfähigen. Dies würde zum gleichen Ergebnis führen wie ein Trainingserfolg, hätte aber andere Ursachen (z.B. Intelligenzunterschiede). Im Quasi-Experiment könnte nun etwa durch Messung der Intelligenz versucht werden, die angesprochene Interaktion statistisch zu kontrollieren. Durch unterschiedliche quasi-experimentelle Versuchspläne können jedoch verschiedene Bedrohungen auch bereits im Design (näherungsweise) kontrolliert werden. Im Folgenden sind einige grundsätzliche Vorgehensweisen skizziert (detailliert inkl. zahlreicher Varianten wieder bei Cook et al, 1990):

Zeitreihenanordnungen. Bei der einfachen Zeitreihenanordnung ohne Kontrollgruppe handelt es sich um eine Längsschnittstudie, bei der mehrere Vormessungen mit mehreren Nachmessungen verglichen werden. Dieses einfache Design erlaubt es immerhin im Prinzip, einen generellen Trend von der durch eine Maßnahme ausgelösten Veränderung dieses Trends zu trennen. Sehr viel aussagekräftiger wird es durch Erweiterung auf eine oder mehrere Kontrollgruppen. Dies erlaubt eine zwar nicht vollständige, aber recht weitergehende Kontrolle von Zeitgeschehen, Reifung und statistischer Regression. Das Grundprinzip lässt sich wie folgt darstellen (mit den Messungen O und Treatment X):

O_1 O_2 O_3 X O_4 O_5 O_6 (Versuchsgruppe)
O_1 O_2 O_3 O_4 O_5 O_6 (Kontrollgruppe)

Kohortenuntersuchungen. Bei Kohortenplänen macht man sich den Umstand zunutze, dass z.B. Mitarbeiter in Unternehmen natürlich fluktuieren, ohne dass zwischen neuen und alten Mitarbeitern (den sog. Kohorten) systematische Unterschiede bestehen müssen. Cook et al. (1990) sprechen hier von der (allerdings zu prüfenden) „Quasi-Vergleichbarkeit" der Kohorten. Wenn es um die Messung des Einflusses eines zeitlich festgelegten Treatments geht, können Vormessungen bei älteren Kohorten herangezogen werden, die dann gewissermaßen als „natürliche" Vergleichsgruppe mit (zum Zeitpunkt des Pretest) ähnlicher Reife wie die nachfolgende Kohorte (zum Zeitpunkt des Posttest) dient. In seiner einfachsten Form lässt sich das Kohortendesign wie folgt darstellen, wobei durch Kombination mit anderen Designaspekten Komplexität und Aussagekraft wieder deutlich erhöht werden können (Cook et al., 1990):

O_1 (1. Kohorte)
X O_2 (2. Kohorte)

Regressions-Diskontinuitäts-Designs. Hier handelt es sich um Varianten von Designs für den Spezialfall, dass der Gruppenbildung eine kontinuierlich verteilte Variable zugrunde liegt und das Treatment aufgrund des Erreichens eines Schwellenwerts (cut-off) auf dieser Variablen zugewiesen wird. Zum Beispiel könnte eine Bonuszahlung an Versicherungsvertreter vom Erreichen einer bestimmten Anzahl verkaufter Policen abhängen. Wenn man später den Effekt der Bonuszahlung mittels Regression der Nachleistung auf die Vorleistungswerte untersucht, sollte sich dieser in der Diskontinuität der Regressionsgeraden zeigen. An der Stelle des Cut-offs im Prädiktor sollte die Regressionsgerade um einen konstanten Betrag verschoben sein (Mittelwertseffekt) und sich mglw. zusätzlich die Steigung ändern (differenzieller Effekt).

Für das Verständnis der Designalternativen ist ferner noch die Unterscheidung nach der Anzahl der Messzeitpunkte zwischen *Querschnitt-* (ein Messzeitpunkt) und *Längsschnittuntersuchungen* (Messwiederholung mit größerem zeitlichem Abstand) bedeutsam. Die Wirkung vieler AO-psychologischer Maßnahmen tritt erst mit zeitlicher Verzögerung ein (z.B. weite Teile der Eignungsdiagnostik oder der OE) oder lässt mit der Zeit nach (z.B. viele Trainings). Zahlreiche Theorien modellieren explizit Prozesse über die Zeit. All dies erfordert zur validen Prüfung eigentlich zwingend mehrere Messzeitpunkte. Ferner lässt sich so auch in nicht-experimentellen Studien der Nachweis von Kausalität zumindest unter dem Aspekt annähern, dass die Umkehrung der Ursache-Wirkungsbeziehung ausgeschlossen werden kann, wenn sowohl angenommener Effekt als auch Ursache zu mindestens zwei Zeitpunkten beobachtet werden. Erkauft wird die Verbesserung der internen Validität im Längsschnitt aber durch so große Einbußen an Forschungsökonomie, dass die Realisierung allein aus diesem Grund häufig scheitert (s. zu Designalternativen in der AO-Psychologie allgemein auch Moser, 2004).

Stichprobengröße und -zusammensetzung. Für die *Größe der Stichprobe* gilt der einfache Grundsatz „je größer, je besser". Mit zunehmendem N steigt bekanntlich die Teststärke und der Zufallsfehler nimmt ab, was im Sinne des

6.2 Untersuchungsplanung

statistischen Hypothesentestens das Risiko von Fehlentscheidungen beider Art vermindert. Die erforderliche Stichprobengröße lässt sich mittels einer *Poweranalyse* a priori bestimmen, wenn die Irrtumswahrscheinlichkeit und die erwartete Effektstärke festgelegt werden können. Da in AO-psychologischen Feldstudien u.a. aufgrund der multifaktoriellen Bedingtheit zentraler Kriterien (z.B. Leistung, Zufriedenheit) mit eher kleinen bis mittleren Effekten zu rechnen ist, sind die Anforderungen an die Stichprobengröße oft relativ hoch. In renommierten Fachzeitschriften in den letzten Jahren publizierte Studien haben selten weniger als hundert Teilnehmer. Unter dem Aspekt der Forschungsökonomie kann dies natürlich ein gravierendes Problem darstellen. Zudem stehen gerade für organisationsinterne Studien, die den Großteil der Auftragsforschung ausmachen, oft deutlich weniger Teilnehmer zur Verfügung. Einen möglichen Ausweg bietet hier der Rückgriff auf Metaanalysen (vgl. Abschn. 6.5) als zumindest ergänzende Datenquelle zur eigenen Erhebung.

Während der Stichprobenumfang die interne und externe Validität eher indirekt über die (i.S.v. Cook et al, 1990, s. Exkurs 6.1) „statistische" Validität beeinflusst, hat die *Zusammensetzung der Stichprobe* hinsichtlich relevanter Merkmale unmittelbaren Einfluss auf mehrere Validitätsarten. Durch Vorauswahl bedingte Gruppenunterschiede sind eine wesentliche Bedrohung der internen Validität im Quasi-Experiment. Die externe Validität ist z.B. bedroht, wenn die Stichprobe für die Population, auf die geschlossen werden soll, nicht repräsentativ ist, was auch nicht-experimentelle Designs im Feld betreffen kann. So könnten z.B. die Ergebnisse einer Mitarbeiterbefragung verzerrt sein, wenn sich vorwiegend besonders engagierte (oder besonders unzufriedene) Mitarbeiter daran beteiligen. Ferner kann die Zusammensetzung auch unmittelbar die statistische Validität bedrohen, etwa wenn durch Vorauswahl die Varianz in der Stichprobe eingeschränkt ist und deshalb die Effektstärke unterschätzt wird (Bsp.: Ein in der Auswahl eingesetzter Test wird durch Leistungsmessung bei Mitarbeitern validiert, die mit eben diesem Test ausgewählt wurden). Auf die Zusammensetzung der Stichprobe hinsichtlich *Untersuchungseinheit* (Individuum, Gruppe, Organisation etc.) wird in Abschn. 6.4 noch eingegangen.

6.3 Datenerhebung

Auch während der Datenerhebung kann die interne Validität z.B. durch Störeinflüsse (externe Ereignisse, aber auch z.B. die Person des Untersuchers) bedroht sein. Mittels Online-Erhebung lassen sich Untersuchereinflüsse praktisch vollständig eliminieren, dafür entfällt allerdings die Kontrolle über sonstige Kontextbedingungen und auch über die Identität der Teilnehmer. Neben Kontext und Medium bestehen Gestaltungsmöglichkeiten für die Datenerhebung insbesondere bei der Wahl des Erhebungsverfahrens. Grundsätzlich kommen im Rahmen AO-psychologischer Untersuchungen alle Möglichkeiten zur Gewinnung von Daten in Frage (vgl. Bortz & Döring, 2006). In einem sehr weiten Sinne geht es dabei um die Aufzeichnung des Verhaltens von Versuchsteilnehmern. Ähnlich wie bei der Unterscheidung experimenteller und nicht-experimenteller Versuchspläne, die sich auf die unabhängige Variable bezieht, kann das gemessene Verhalten durch den Untersucher veranlasst sein (*reaktive Verfahren*) oder nicht (*non-reaktive Verfahren*). Non-reaktive Verfahren (z.B. Archivdaten) kommen in der AO-Psychologie meist eher als ergänzende Datenquelle in Betracht, allerdings unterscheiden sich auch reaktive Verfahren graduell in ihrer Reaktivität (die z.B. durch Gewöhnung im Zeitverlauf abnehmen kann). Wenn es sich um veranlasstes Verhalten verbaler Natur handelt, spricht man von *Befragungen*. Der Begriff Beobachtung wird zur Abgrenzung von Befragungen meist auf *Verhaltensbeobachtungen* durch unmittelbare Sinneswahrnehmung unter Verzicht auf verbale Kommunikation eingegrenzt. Ferner kann die Aufzeichnung des Verhaltens in Form standardisierter Messungen (*quantitative Erhebung*) oder weitgehend unstandardisiert (*qualitative Erhebung*) erfolgen. Auf diese Erhebungsformen soll im Folgenden nur kurz eingegangen werden, da sich die Datenerhebung in der AO-Psychologie im Grundsatz wenig von anderen Teildisziplinen unterscheidet.

Befragung vs. Verhaltensbeobachtung. Die in den Sozialwissenschaften wohl generell häufigste Erhebungsform ist die Befragung, und die AO-Psychologie bildet hier keine Ausnahme (z.B. Moser, 2004). Befragungen können grundsätzlich in schriftlicher Form als *Fragebogen* (auf Papier oder in elektronischer Form) oder in mündlicher Form als *Interview* (face-to-face oder wieder über ein Medium wie das Telefon vermittelt) stattfinden. Teilnehmer können über sich selbst oder über andere befragt werden, und die Antworten können in mehr oder weniger standardisierter Form aufgezeichnet werden (eine psychologiespezifische Form der hoch standardisierten Befragung sind *psychometrische Tests*). Zu den Gestaltungsvarianten sowie den Vor- und Nachteilen von Interviews und Fragebögen existiert eine extrem umfangreiche Methodenliteratur, die hier nicht einmal andeutungsweise wiedergegeben werden kann (z.b. Bortz & Döring, 2006). Bei der Verhaltensbeobachtung überwiegt in der AO-Psychologie die Variante der *nichtteilnehmenden* (jedoch offenen) *Beobachtung*, bei der die Forscherin außerhalb der untersuchten Situation verbleibt (vgl. Bortz & Döring, 2006; für eine Gegenbeispiel s. die in der Marienthal-Studie praktizierte „Aktionsforschung", Bsp. 2.4). Relativ häufig werden Beobachtungen (aber manchmal auch Befragungen) in der AO-Psychologie auch im Rahmen von *Simulationen* eingesetzt, bei denen es sich aber eigentlich nicht um eine Erhebungsform, sondern um die gewissermaßen zwischen Labor und Feld stehende künstliche Herstellung möglichst realistischer Untersuchungssituationen handelt, die im Ergebnis eine (quasi-)experimentelle Versuchsanordnung ersetzen können (vgl. Moser, 2004). Hier kann weiter unterschieden werden zwischen sog. Low-Fidelity-Simulationen, bei denen lediglich einige wesentliche Elemente unaufwändig nachgebildet werden (z.b. Rollenspiele im Assessment Center), und der möglichst umfassenden, aber oft nur schwer standardisierbaren High-Fidelity-Simulation (z.B. Flugsimulator). Ferner lassen sich verschiedene Erhebungsformen auch kombinieren. Ein AO-spezifisches Beispiel dafür ist das *Beobachtungsinterview*, das im Kontext der Arbeitsanalyse bereits vorgestellt wurde (Abschn. 3.2).

Quantitative vs. qualitative Verfahren. Die Unterscheidung quantitativer und qualitativer Methoden bezieht sich im Grunde auf die gesamte Untersuchungsmethodik von der Fragestellung über Design und Datenerhebung bis hin zur Auswertung und Interpretation. Die Unterschiede zwischen beiden Ansätzen sind so fundamental, dass dies eine Grundsatzentscheidung darstellt. Sie werden aber bei der Erhebungsmethode vielleicht besonders offensichtlich, weshalb darauf in diesem Abschnitt kurz eingegangen wird. Mit quantitativen Methoden werden Messwerte zahlenmäßig oder in Form von Daten erhoben, die direkt in Zahlen übertragbar sind (bei Befragungen etwa in Form eines gebundenen Antwortformats). Mit qualitativen Methoden werden Daten in nicht vorstrukturierter, gewissermaßen natürlich vorgefundener Form aufgezeichnet (z.B. als Fließtext oder Videoaufzeichnung). Typische Varianten qualitativer Erhebungsverfahren (Bachiochi und Weiner, 2002) sind teil- oder *unstrukturierte Interviews* (z.b. Tiefeninterviews mit einzelnen Mobbingopfern), die offene Diskussion in *Fokusgruppen* (z.b. zwischen SMEs für eine bestimmte Tätigkeit), *offene Fragen* innerhalb (auch vorwiegend quantitativer) schriftlicher Befragungen (z.b. im Anschluss an vorgegebene Kategorien ein Textfeld für „Sonstiges"), *qualitative Beobachtungsverfahren* (z.b. Beobachtungsinterviews) sowie *Fallstudien* (z.b. zum Verlauf der Akquisition eines Unternehmens durch ein anderes).

Das offene Format schränkt die Vergleichbarkeit erheblich ein und schließt die Datenauswertung mittels inferenzstatistischer Verfahren ohne sehr umständliche Transformationen praktisch aus; ferner setzt der Erhebungs- und Auswertungsaufwand der Stichprobengröße enge Grenzen. Für die empirische Prüfung von Hypothesen sind dies sehr gravierende Einschränkungen. Dennoch bieten qualitative Methoden für bestimmte Forschungsfragen sogar eindeutige Vorteile. Die Eignung qualitativer Methoden hängt davon ab, (1) ob es sich um ein noch wenig exploriertes Thema handelt, (2) ob es vor allem auf Reichhaltigkeit und Tiefe des Datenmaterials ankommt, (3) ob die Interpretation der Teilnehmer wichtig ist sowie (4) davon, ob die genaue Kenntnis der Umstände entscheidend für die Beantwortung der Forschungsfrage ist (Bachiochi und Weiner, 2002). Besonders fruchtbar kann dabei die (sequenzielle) Kombination qualitativer und quantitativer Methoden sein, bei der ein Gebiet zunächst qualitativ exploriert wird und auf dieser Grundlage getroffene Annahmen anschließend quantitativ geprüft werden (ein Beispiel ist die Entwicklung eignungsdiagnostischer Verfahren mittels der qualitativen Methode der kritischen Ereignisse und deren anschließende quantitative Validierung; vgl. Kap. 4). Nach wie vor stellen aber quantitative Studien das Gros der Forschung in der AO-Psychologie und sind in gut explorierten Feldern auch für sich ausreichend.

6.4 Datenauswertung

Durch die vorangegangenen Schritte wird das Spektrum möglicher Auswertungsverfahren erheblich eingeschränkt, weil die Methode der Datenanalyse sich nach dem Design richten muss. Dazu ein Beispiel: In einer Trainingsevaluation, die mittels eines quasi-experimentellen Designs realisiert

6.4 Datenauswertung

wird, sollen mögliche Interaktionen des Trainingseffekts mit (gemessener) Intelligenz der Teilnehmer kontrolliert werden. Um die Auswertung mittels einfacher mehrfaktorieller Varianzanalyse zuzulassen, teilt die Forscherin die Teilnehmer nach dem Median in zwei Gruppen über- und unterdurchschnittlicher Intelligenz ein (sog. Median-Split). Dieses Vorgehen ist unangemessen, da es sich bei Intelligenz um ein kontinuierlich verteiltes Merkmal handelt und die Dichotomisierung durch den Median-Split zu einem künstlichen und unnötigen Informationsverlust führt. Angemessen wäre hier z.b. eine Kovarianzanalyse mit Intelligenz als Kovariate.

Daten quantitativer Studie werden regelmäßig statistisch ausgewertet (zur Auswertung qualitativer Studien s. Bachiochi & Weiner, 2002). In der Auftragsforschung kann es durchaus sinnvoll sein, dem Auftraggeber Ergebnisse vorwiegend anhand der leichter verständlichen *deskriptiven Datenanalysen* zu kommunizieren (z.b. nach einer Mitarbeiterbefragung durch Darstellung der mittleren Zufriedenheit in verschiedenen Abteilungen in einem Histogramm). Dies enthebt den Forscher jedoch nicht von der Notwendigkeit zur inferenzstatistischen Absicherung der Aussagen (in obigem Beispiel etwa durch Prüfung der Mittelwertsunterschiede zwischen den Abteilungen auf standardisierte Effektstärke und statistische Signifikanz). Für die Prüfung von Hypothesen stehen inferenzstatistische Verfahren naturgemäß im Mittelpunkt der Datenauswertung, nachdem die Daten z.B. hinsichtlich fehlender Werte bereinigt und die Gütekriterien der Messinstrumente ggf. abgesichert wurden (vgl. einführend z.B. Moser, 2004). Im multivariaten Fall werden (quasi-)experimentelle Versuchspläne meist *varianzanalytisch* ausgewertet, nicht-experimentelle Designs korrelativ bspw. mittels Varianten der *Regressionsanalyse* oder, falls es vorwiegend um die interne Struktur der Daten geht, u.a. der *Faktorenanalyse*. Die genannten Methoden sind mathematisch verwandt und lassen sich auf das Allgemeine Lineare Modell zurückführen (vgl. Bortz, 2005). In jüngerer Zeit werden die erwähnten Standardmethoden der multivariaten Statistik dabei zunehmend durch speziellere und komplexere Verfahren ergänzt bzw. teils ersetzt. Auf einige AO-Spezifika dieser Entwicklung soll im Folgenden kurz eingegangen werden.

Neuere Auswertungsverfahren. Für die Durchsetzung methodischer Weiterentwicklungen in der Forschungspraxis spielen hochrangige Fachzeitschriften häufig eine Vorreiterrolle, weil zu deren rigorosen Auswahlkriterien der jeweilige methodische „state-of-the-art" gehört. Ein Beispiel sind *Lineare Strukturgleichungsmodelle* (vgl. Kline, 2005), die bereits seit den 1960er Jahren entwickelt wurden, deren Verbreitung in der publizierten Forschung aber erst in den letzten beiden Jahrzehnten sprunghaft angestiegen ist. Der Hauptunterschied zwischen Linearen Strukturgleichungsmodellen und explorativen Varianten der Regressions- und Faktorenanalyse ist, dass sich mit Ersteren zuvor spezifizierte theoretische Modelle prüfen lassen, während explorative Analysen eine solche Prüfung formal nicht zulassen. Da über die genauen Zusammenhänge zwischen mehreren Variablen häufig theoretische Vorstellungen vorliegen, sind Strukturgleichungsmodelle vielen Fragestellungen angemessener als explorative Analysen. Z.B. ist die früher verbreitete „Prüfung" der theoretisch vermuteten internen Struktur eines neuen Messinstruments mittels explorativer Faktorenanalyse in Fachzeitschriften fast vollständig durch die konfirmatorische Faktorenanalyse (eine Subgruppe der Strukturgleichungsmodelle) verdrängt worden. Schneller hat sich in der AO-Psychologie mit der *Metaanalyse* eine andere bedeutsame Methodenentwicklung durchgesetzt, mglw. weil AO-Psychologen an deren Entwicklung maßgeblich beteiligt waren. Da es sich dabei um Verfahren der quantitativen Zusammenfassung bereits vorliegender Datenauswertungen handelt, werden Metaanalysen im nächsten Abschnitt im Zusammenhang mit der Dateninterpretation dargestellt.

Weitere Entwicklungen aus jüngster Zeit betreffen eigentlich gestiegene Anforderungen an die Versuchsplanung, wirken sich aber mittelbar auch auf die Datenauswertung erheblich aus. Das wohl häufigste Design in der AO-psychologischen Forschung ist die nicht-experimentelle Befragungsstudie mit einem Messzeitpunkt und einer Datenquelle (i.d.R. Selbstberichte). In einem Editorial bezeichnete z.B. der aktuelle Herausgeber des *Journal of Applied Psychology* diese Kombination von Designmerkmalen als „not encouraged" (Kozlowski, 2009, p.1). Auch wenn der Zusatznutzen komplexerer Designs durchaus kontrovers diskutiert wird (zu einer Gegenposition z.B. Spector, 2006), lassen sich viele Fragestellungen eindeutiger beantworten, wenn man mehrere Datenquellen (z.B. Selbst- und Fremdbericht, objektive Daten), mehrere Messzeitpunkte (Längsschnitt) und mglw. auch mehrere Analyseebenen (z.B. Individuum, Gruppe, Organisation) kombiniert. Die Auswertung solcher komplexer nicht-experimenteller Designs

6.4 Datenauswertung

wirft spezifische Probleme auf, für die jeweils spezifische Lösungen entwickelt wurden.

Im Fokus von *Längsschnittanalysen* stehen intraindividuelle Veränderungen über die Zeit (vgl. dazu Chan, 2002). Typische Fragestellungen innerhalb der AO-Psychologie betreffen etwa längerfristige Effekte psychologischer Interventionen (z.B. OE-Maßnahmen) oder alternative Annahmen über Kausalbeziehungen zwischen Variablen (z.B. zwischen Zufriedenheit und Leistung). Traditionell werden solche Designs ausgewertet durch die Berechnung von Differenzwerten. Neben den notorischen Reliabilitätsmängeln von Differenzwerten (darin gehen zwei fehlerbehaftete Messungen ein), resultieren Probleme aus der Beschränkung auf nur zwei Messzeitpunkte, mit der sich lediglich eine simple Form der Veränderung abbilden lässt. In explorativen multivariaten Analysen (etwa durch die Varianzanalyse mit Messwiederholung, die multiple Regression oder deren Weiterentwicklung zu sog. Zeitreihenanalysen) lassen sich u.a. Gruppen- und Individualebene schwer trennen. Letzteres Problem lässt sich (einen geeigneten Versuchsplan vorausgesetzt!) bspw. mit *Latent Growth Models*, einer Varianten Linearer Strukturgleichungsmodelle, überwinden, mit denen interindividuelle Differenzen in der intraindividuellen Veränderung untersucht werden können.

Bei Untersuchungen mit *mehreren Datenquellen* ist das Erkenntnisziel oft einfach der Grad der Übereinstimmung (z.B. zwischen verschiedenen Quellen der Leistungsbeurteilung), was sich z.B. bivariat korrelativ (d.h. nicht kausal) prüfen lässt. Komplexere Modelle, bei denen Daten zu mehreren Konstrukten (z.B. Leistungsfacetten) bei mehreren Quellen (z.B. Vorgesetzte, Kollegen, Selbst) erhoben werden, erlauben die (wiederum strukturgleichungstheoretische) Modellierung von getrennten Konstrukt- und Methodenfaktoren in sog. *Multitrait-Multimethod-Analysen* (vgl. Schermelleh-Engel & Schweizer, 2007). Oft sollen aber auch Daten aus zwei unterschiedlichen Quellen über mehrere gemessene Indikatoren hinweg verglichen werden, um die Profilähnlichkeit zwischen beiden Quellen festzustellen (*Profilvergleiche*, z.B. im Zusammenhang mit der schon mehrfach erwähnten Passung zwischen Person und Umwelt). Auch für diesen Zweck wurden traditionell häufig Differenzwerte (s.o.) oder auch Profilkorrelationen herangezogen, die jeweils nur sehr unvollständig über das Niveau bzw. die Form der Kongruenz zwischen den Profilen informieren. Zur Lösung dieses Problems hat Edwards (z.B. 1994) das Verfahren der *polynomialen Regression* vorgeschlagen.

Dabei wird der Effekt der Kongruenz auf eine Kriteriumsvariable (z.B. Zufriedenheit) untersucht, indem eine Regression des Kriteriums auf alle beteiligten Variablen beider Quellen, deren Interaktionen und quadrierte Werte berechnet wird, um Haupteffekte der beteiligten Variablen von Effekten der Kongruenz trennen zu können. Mit zunehmender Komplexität (Anzahl beteiligter Variablen) stößt dieser elegante Ansatz allerdings schnell an Grenzen der Machbarkeit.

Wenn Daten auf *mehreren Aggregations- oder Analyseebenen* vorliegen, sollten ebenfalls die Effekte der spezifischen Ebenen unterschieden werden. Beispiele dafür sind die Trennung der Effekte etwa des Gruppenklimas von dessen individueller Wahrnehmung auf das Verhalten oder die Trennung intraindividueller Veränderungen von interindividuellen Differenzen. Dafür bieten die schon erwähnten latenten Modelle für Längsschnittanalysen teils geeignete Ansätze. Auch kann man versuchen, Gruppeneffekte aus individuellen Messwerten auf simple arithmetische Weise herauszurechnen, um die so gewonnenen Werte getrennt zu analysieren, oder man kann nach dem Prinzip der Partialisierung Gruppenunterschiede bei der Berechnung individueller Effekte kontrollieren. Eine elegantere und wesentlich mächtigere Möglichkeit bieten sog. *Mehrebenenanalysen* (auch Hierarchische Lineare Modelle, HLM; für eine Einführung s. Nezlek, Schröder-Abé & Schütz, 2006). Dabei werden im Prinzip simultan Regressionsgleichungen auf mehreren Ebenen berechnet, wobei die Prädiktoren der ersten Ebene (z.B. Gruppenmittelwerte) auf der nächsten Ebene (z.B. Individuen) wieder als abhängige Variable modelliert werden. Voraussetzung ist die Nestung der Analyseebenen (d.h. ein hierarchischer Aufbau) sowie eine ausreichende Anzahl von Analyseeinheiten auf allen beteiligten Ebenen.

6.5 Interpretation und Kommunikation der Ergebnisse

Wenn die Daten ausgewertet sind, müssen anschließend die Ergebnisse hinsichtlich ihrer grundsätzlichen Aussage über die Forschungsfrage bewertet, in den Kontext der bisherigen Forschung eingeordnet und vor dem Hintergrund methodischer und konzeptioneller Stärken und Schwächen der eigenen Untersuchung ggf. relativiert werden. Problemstellung, methodische Anlage, Ergebnisse und deren Interpretation müssen schließlich noch kom-

6.5 Interpretation und Kommunikation der Ergebnisse

muniziert werden. Um diese abschließenden Schritte im Forschungsprozess wird es im Folgenden gehen, wobei sich die Ausführungen hier vorwiegend auf quantitative Forschung beziehen (zur Interpretation qualitativer Befunde vgl. einführend Bachiochi & Weiner, 2002).

Bewertung der eigenen Ergebnisse. Die Ergebnisse inferenzstatistischer Auswertungen lassen sich im Prinzip hinsichtlich zweier unterschiedlicher Maßstäbe bewerten: der *statistischen Signifikanz* und der *Effektstärke*. Vereinfacht geht es bei Ersterer um die Frage, ob jenseits einer festgelegten Irrtumswahrscheinlichkeit überhaupt ein Effekt (z.b. der unabhängigen auf die abhängige Variable) vorliegt, bei Letzterer darum, wie stark dieser Effekt ist. In der experimentellen Grundlagenforschung liegt der Fokus traditionell auf Signifikanztests. Die Logik des Signifikanztestens wurde auch von Grundlagenwissenschaftlern teils fundamental kritisiert (z.B. Cohen, 1994), u.a. aufgrund der Willkürlichkeit des gewählten Signifikanzniveaus, der Abhängigkeit von der Stichprobengröße und des unnötigen Informationsverlusts durch die einfache Ja/Nein-Entscheidung. In der angewandten Disziplin AO-Psychologie liegt der Schwerpunkt des Interesses ohnehin traditionell eher auf Effektstärken. Man interessiert sich z.b. bei der kriterienbezogenen Validierung eines Auswahlverfahrens explizit dafür, wie stark der Zusammenhang zwischen Testwerten und Leistung ist. In der Validitätsgeneralisierung, einer in der AO-Psychologie stark verbreiteten Variante der Metaanalyse, wird z.B. auf die Untersuchung der statistischen Signifikanz praktisch ganz verzichtet (s.Exkurs 6.2). Bei den ebenfalls stark verbreiteten Linearen Strukturgleichungsmodellen (s.o.) sind Signifikanztests aus verschiedenen Gründen zumindest problematisch und man beruft sich eher auf Effektstärken vergleichbare sog. Fit-Indizes (vgl. Kline, 2005). Für die meisten Auswertungen hat sich allerdings auch in der AO-Psychologie der pragmatische Kompromiss herausgebildet, abhängig vom eingesetzten Auswertungsverfahren sowohl die Ergebnisse von Signifikanztests als auch Effektstärken (einschließlich Konfidenzintervallen) zu berichten, die Interpretation aber vorwiegend an Letzteren auszurichten.

Interpretation. In den meisten Fällen ist die eigene Untersuchung nicht die erste, die sich mit einem bestimmten Thema beschäftigt. Eine gründliche Recherche publizierter Ergebnisse gehört deshalb zwingend zu den vorbereitenden Arbeiten jeder Untersuchung. Die bisherigen Befunde können in der Form einzelner, oft recht zahlreicher *Primärstudien* vorliegen, in interpretativ-qualitativer Form in sog. *narrativen Überblicksarbeiten* (reviews) zusammengefasst sein oder in der Form quantitativer Zusammenfassungen in *Metaanalysen*. Bei der Durchsicht einzelner Primärstudien und häufig auch im Urteil der Autoren narrativer Zusammenschauen entsteht in vielen Fällen der Eindruck, dass die bisherigen Studien sehr unterschiedliche Befunde zutage gefördert haben und daher keine eindeutigen Schlüsse über die Befundlage möglich sind (Mantra: „Further research is clearly needed."). Dieser Eindruck kann zutreffen, ist aber nach Befunden aus Metaanalysen überraschend oft falsch. Interpretationsbedarf für die eigenen Ergebnisse ergibt sich insbesondere dann, wenn diese Ergebnisse von bisherigen Befunden auffällig abweichen. Dies kann substanzielle Gründe haben, die in Besonderheiten der eigenen Untersuchungssituation liegen (z.b. untersuchte Organisation, Stichprobe, bislang nicht untersuchte theoretische Aspekte). Z.B. könnte eine bislang gut evaluierte OE-Maßnahme nicht wirken, weil sie nicht zur vorliegenden Unternehmenskultur passt. Ebenso gut ist es aber auch möglich, dass methodische Mängel in der eigenen Untersuchung (sog. Artefakte), die an allen Stellen des Forschungsprozesses auftreten können, diese Abweichung künstlich herbeigeführt haben. Oft ist etwa die eigene Stichprobe einfach zu klein und die Abweichung zufällig. In Metaanalysen können dieser und andere Einflüsse explizit untersucht werden (s. Exkurs 6.2). Für die eigene Studie gehört es zwingend zur Darstellung in der Diskussion, substanzielle und artifizielle Erklärungen für die eigenen (auch erwartungskonformen!) Befunde sorgfältig zu analysieren und abzuwägen.

Exkurs 6.2: Psychometrische Metaanalyse

Prinzip. Die Grundidee der Metaanalyse ist die Akkumulation von Wissen durch die Replikation von Befunden. Dies ist zweifellos eine generelle Idee der empirischen Wissenschaft, aber es gehört zu den Eigenheiten der Logik des Signifikanztestens, gewissermaßen so zu tun als würde jeder Forscher wieder bei Null anfangen. Wenn bspw. in einem Experiment mit $N = 50$ Teilnehmern ein bestimmter Effekt beobachtet wird, untersucht der Signifikanztest für diese Stichprobengröße, ob die Stärke des Effekts ausreicht, um die Nullhypothese, dass kein Effekt vorliegt, zurückzuweisen. Wenn nun ein anderer Forscher dieses Experiment wiederum mit einem N von 50 repliziert, wird der dort gefundene Effekt für dieselbe Stichprobengröße wieder auf Signifikanz untersucht als hätte es die erste Studie nicht ge-

6.5 Interpretation und Kommunikation der Ergebnisse

geben. Auf diese Weise können scheinbare Widersprüche allein dadurch entstehen, dass sich der zufällige Stichprobenfehler in beiden Studien unterschiedlich auswirkt. Ein Metaanalytiker würde die Effekte beider Experimente mitteln und die Stichprobengröße zusammenfassen ($N = 100$). In realen Metaanalysen werden oft sehr viele Studien zu einem sehr großen N aggregiert, so dass der Stichprobenfehler (1. Ordnung, s.u.) im Aggregat faktisch keine Rolle mehr spielt. Ferner lässt sich u.a. das Ausmaß berechnen, in welchem die Unterschiede zwischen den Einzelbefunden allein auf den in den Einzelstudien wirksamen Stichprobenfehler zurückzuführen sind. Nur die nach statistischer Kontrolle der Artefakte verbleibende Streuung wird als Hinweis auf substanzielle Unterschiede zwischen den Studien interpretiert (Moderatoreffekte bzw. die Situationsspezifität). Während in narrativen Überblicksarbeiten aufgrund von Signifikanztests oft der Schluss mangelnder Eindeutigkeit gezogen wurde, kamen Metaanalysen viel häufiger zu dem Ergebnis, dass die Befunde *nicht* situationsabhängig (d.h. generalisierbar) sind. In der AO- Psychologie hat dies die Interpretation der Forschung auf zahlreichen Gebieten radikal verändert.

Varianten. Metaanalysen wurden erstmals in den 1970ern von mehreren Forschern teils unabhängig voneinander, teils aufeinander aufbauend entwickelt, woraus sich verschiedene Schulen entwickelt haben (für einen kurzen Überblick s. Huffcutt, 2002). Die Bevorzugung bestimmter Ansätze ist u.a. fachspezifisch. In der AO-Psychologie dominiert ganz eindeutig der von John Hunter und Frank Schmidt (aktuell 2004) vorgeschlagene Ansatz der *psychometrischen Metaanalyse*, der zuerst unter dem Begriff „Validitätsgeneralisierung" für die Untersuchung der kriterienbezogenen Validität von Personalauswahlverfahren entwickelt wurde. Aufgrund ihrer überragenden Bedeutung für die AO-Psychologie sei das grundsätzliche metaanalytische Vorgehen hier am Beispiel der psychometrischen Metaanalyse von Korrelationskoeffizienten erläutert, obwohl das Prinzip auch sehr einfach auf die Analyse von Mittelwertsunterschieden (Cohen's *d*) übertragen werden kann (zum Folgenden ausführlich Hunter & Schmidt, 2004). Alle Varianten des Ansatzes von Hunter und Schmidt gehören zu den sog. *random effects models* der Metaanalyse, bei denen, im Unterschied zu *fixed effect models*, nicht unterstellt wird, dass in der Population ein einheitlicher Effekt vorliegt.

Vorgehensweise. Am Beispiel einer Validitätsgeneralisierung sollen die Schritte einer Metaanalyse kurz erläutert werden. Eine Metaanalyse ist zwar eine sekundärstatistische Zusammenfassung bereits ausgewerteter Daten, läuft aber im Grunde analog zu den Schritten einer empirisch-quantitativen Primärstudie ab. Es ist also (1) die Problemstellung zu definieren, wobei es bei Metaanalysen besonders auf die präzise Eingrenzung des Themengebiets ankommt (Bsp: Validität kognitiver Fähigkeitstests für die Prognose beruflicher Leistung). Analog zur Versuchsplanung muss dann (2) über die Kriterien für die Einbeziehung von Einzelstudien in die Metaanalyse entschieden werden (Welche Fähigkeitstests, welche Leistungskriterien, welche Settings und Designs, welcher geographische und zeitliche Umfang an Untersuchungen?) und das Kategoriensystem für die Kodierung der Einzelstudien sollte zumindest skizziert werden (Bsp.: Reichen für die Kodierung des Setting die Kategorien Feld vs. Labor oder sollen einzelne Branchen, Berufsgruppen etc. unterschieden werden). Ein endgültiges Kodierschema kann erst erstellt werden, wenn das endgültige Material vorliegt. Das stellt sich erst im nächsten Schritt der (3) Literaturrecherche heraus, die im Fall einer Metaanalyse der eigentlichen Datenerhebung entspricht (mit den Einzelstudien als „Teilnehmern"). Ziel ist die Identifikation *aller* relevanten Studien, wobei i.d.R. auf mehrere Quellen zurückgegriffen wird (Suchläufe in allen wichtigen Datenbanken, Anschreiben an einschlägige Forscher etc.). Nach den definierten Kriterien irrelevante Studien werden eliminiert. Die oft sehr aufwändige Dateneingabe erfolgt dann mittels des anhand des Materials modifizierten Kategoriensystems.

Die Unterschiede zwischen den Varianten der Metaanalyse betreffen v.a. den nächsten Schritt der (4) Datenauswertung. Im einfachsten Fall werden die Effekte der Einzelstudien nach Stichprobengröße gewichtet und gemittelt. Zwar wird durch die Gewichtung implizit der Stichprobenfehler der Einzelstudien korrigiert, ansonsten ist eine solche „bare bones" Metaanalyse in ihrer Aussagekraft aber stark eingeschränkt. Das Vorgehen bei der psychometrischen Metaanalyse erfolgt dagegen in mehreren Teilschritten. Zu beachten ist hier, dass es bei Metaanalysen nicht nur auf die aggregierte Teilnehmerzahl (N) ankommt, sondern auch auf die Zahl der Studien bzw. genauer der unabhängigen Stichproben (K), weshalb es zwei Stichprobengrößen und zwei Stichprobenfehler gibt.

Wie bei der Bare-Bones-Analyse wird nun zunächst die mittlere Effektstärke berechnet. Im nächsten Teilschritt wird versucht, für jede Einzelstudie zu berechnen, wie stark deren Ergebnisse durch Artefakte jenseits des Stichprobenfehlers (insbes. mangelnde Reliabilität der Messung und Varianzeinschränkung) verzerrt sind. Anschließend wird ein neuer, um Artefakte korrigierter Mittelwert der Effektstärken ermittelt, in den die Einzelstudien nach Stichprobengröße und relativer Freiheit von anderen Artefakten gewichtet eingehen. Dieser Wert wird als beste Schätzung des Populationswertes („wahrer Wert") interpretiert. Dann muss entschieden werden, ob dieser Wert generalisierbar ist (d.h. ob alle Studien aus der gleichen Population stammen) oder ob tatsächlich Teilpopulationen bzw. Situationsspezifika (Moderatorvariablen) differenziert werden müssen. Dafür existieren verschiedene, nicht ganz unumstrittene Entscheidungskriterien, die auf Maßen der Streuung der Ergebnisse zwischen den Einzelstudien beruhen. Sofern ausreichende Hinweise auf Situationsspezifität vorliegen, kann für jede Teilpopulation (z.B. verschiedene Berufsgruppen) wieder eine eigene, kleinere Metaanalyse (Moderatoranalyse) nach demselben Vorgehen wie für den gesamten Datensatz durchgeführt werden. Das Hauptproblem vieler Moderatoranalysen ist die dann nur noch geringe Zahl von Einzelstudien (Stichprobenfehler 2. Ordnung).

Bewertung der Metaanalyse. Der Einfluss insbesondere psychometrischer Metaanalysen auf die AO-Psychologie der letzten drei Jahrzehnte war umwälzend. Es gibt inzwischen kaum ein größeres Forschungsgebiet innerhalb des Fachs, in dem die Beurteilung der Forschungslage nicht sehr wesentlich auf der Grundlage von Metaanalysen erfolgt (Beispiele finden sich in allen vorangegangenen Kapiteln). Dennoch wurden gegen die Popularität der Methode in der AO-Psychologie auch warnende Stimmen laut (z.B. Bobko & Stone-Romero, 1998). Zu den wichtigsten Kritikpunkten zählt, dass (1) hier „Äpfel und Birnen", d.h. Studien ganz unterschiedlichen Gehalts und auch unterschiedlicher Qualität in einen Topf geworfen werden, (2) dass Effekte in der Population durch Überkorrektur und durch die höhere Wahrscheinlichkeit der Publikation von signifikanten Einzelbefunden (sog. file drawer problem) überschätzt würden und (3) dass die Befunde aus Metaanalysen als das „letzte Wort" zu einem Gebiet überinterpretiert werden, wobei nur in Primärstudien aufzudeckende subtile Unterschiede übersehen werden. Dies sind durchaus ernstzunehmende

Einwände, und auch in Metaanalysen können zwar technische Schwächen von Einzelstudien korrigiert werden, jedoch keine grundlegenden konzeptionellen Mängel („garbage in, garbage out"). Andererseits lassen sich einige der o.g. Probleme auch innerhalb von Metaanalysen angehen (z.B. das „Äpfel-und-Birnen-Problem" durch Moderatoranalysen, das „file drawer problem" durch diverse Berechnungen). Für die AO-Psychologie sind Metaanalysen vielleicht die wichtigste methodische Entwicklung der letzten 50 Jahre.

Kommunikation. Auch die brillanteste Forschung hat letztlich ihren Zweck verfehlt, wenn die Ergebnisse nicht zur Kenntnis genommen werden. Der kommunikativen Verbreitung kommt daher genauso entscheidende Bedeutung zu wie der Planung und Durchführung der Forschung selbst. Für selbst initiierte Forschung (manchmal missverständlich auch als „akademisch" bezeichnet) gelten im Prinzip die gleichen formalen und normativen Standards wie in den Grundlagendisziplinen. Die Kommunikation kann in mündlicher oder schriftlicher Form (oder besser: sowohl als auch) erfolgen. Als Foren kommen für die mündliche Präsentation besonders *Fachkongresse* (wobei dort präsentierte Poster eine Art mündlich-schriftliche Mischform darstellen), für die schriftliche Form *Fachzeitschriften* (empirische Originalbeiträge sollten wegen der fehlenden Fachbegutachtung möglichst nicht zuerst in Büchern erscheinen) in Frage (s. Kap. 1). Bei der Auftragsforschung sind die vorherrschenden Kommunikationsformen die (interne) *mündliche Präsentation* sowie der schriftliche *Forschungsbericht* an den Auftraggeber. In beiden Fällen muss die Auftragnehmerin, neben den unterschiedlichen Interessenlagen (vgl. Abschn. 6.1), natürlich die fachlich-methodische Vorbildung des Auftraggebers beachten. Dies kann dazu (ver-)führen, insbesondere die Präsentation der statistischen Auswertungen radikal zu vereinfachen und leicht Verständliches wie die beliebten Tortendiagramme in den Vordergrund zu rücken. Obwohl Verständlichkeit für die Kommunikation ein essenziell wichtiges Kriterium ist, enthebt dies die Forscherin nicht von der Verantwortung, ihre Ergebnisse z.B. auch inferenzstatistisch abzusichern, was ggf. etwa auch in einem technischen Anhang zum Bericht erfolgen kann. Ansonsten gelten für alle Kommunikationsformen die jeweils einschlägigen Regeln wissenschaftlicher Präsentation.

📖 *Weiterführende Literaturempfehlungen*

Dunnette, M.D., & Hough, L.M. (Eds.) (1990). *Handbook of industrial and organizational psychology* (2nd ed., Vol.1). Palo Alto: Consulting Psychologists Press. (insbes. ch. 8 und 9).

Moser, K. (2004). Planung und Durchführung organisationspsychologischer Untersuchungen. In H. Schuler (Hrsg.), *Lehrbuch Organisationspsychologie* (3. überarb. Aufl.) (S. 89-119). Bern: Huber.

Rogelberg, S.G. (Ed.) (2002). *Handbook of research methods in industrial and organizational psychology*. Malden: Blackwell. (insbes. ch. 4, 8 und 20).

Schmidt, F.L., & Hunter, J.E. (2001). Meta-analysis. In N. Anderson, D.S. Ones, H. K. Sinangil, C. Viswesvaran (eds.), *Handbook of industrial, work and organizational psychology* (Vol. 1, pp. 51-70). London: Sage.

Literaturverzeichnis

Adams, J.S. (1965). Inequity in social exchange. *Advances in Experimental Social Psychology*, 2, 267-299.
Aguinis, H., & Henle, C.A. (2002). Ethics in research. In S. G. Rogelberg (Ed.), *Handbook of research methods in industrial and organizational psychology* (pp. 34-56). Malden, MA: Blackwell.
Alliger, G.M., Tannenbaum, S.I., Bennett, W., Traver, H., & Shotland, A. (1997). A meta-analysis of the relations among training criteria. *Personnel Psychology, 50*, 341-358.
Anderson, N., Ones, D. S., Sinangil, H. K., & Viswesvaran. C. (Eds.) (2001). *Handbook of industrial, work, and organizational psychology* (Vol. 1 and 2). London: Sage.
Antonovsky, A. (1991). The structural sources of salutogenetic strengths. In C. L. Cooper & R. Payne (Eds.), *Personality and stress: Individual differences in the stress process* (pp. 67-104). Chichester: Wiley.
Bachiochi, P. D., & Weiner, S. P. (2002). Qualitative data collection and analysis. In S. G. Rogelberg (Ed.). *Handbook of research methods in industrial and organizational psychology* (pp. 161-183). Malden, MA: Blackwell.
Baldwin, T. T., & Ford, J. K. (1988). Transfer of training: A review and directions for future research. *Personnel Psychology, 41*, 63-105.
Bandura, A. (1991). Social cognitive theory of self-regulation. *Organizational Behavior and Human Decision Processes, 50*, 248-287.
Beauregard, T. A., & Henry, L. C. (2009). Making the link between work-life balance practices and organizational performance. *Human Resource Management Review, 19*, 9–22.
Bergmann, C. (2004). Berufswahl. In H. Schuler (Hrsg.) *Organisationspsychologie – Grundlagen und Personalpsychologie. Enzyklopädie der Psychologie. D/III/3* (S. 343-388). Göttingen: Hogrefe.
Berufsverband Deutscher Psychologinnen und Psychologen (BDP) (n.d). *Der Beruf der Psychologin/des Psychologen*. Retrieved August 13, 2009, from http://www.bdp-verband.org/beruf/index.shtml.
Berufsverband Deutscher Psychologinnen und Psychologen (BDP, Hrsg.) (2005). *Ethische Richtlinien der Deutschen Gesellschaft für Psychologie e.V. und des Berufsverbands Deutscher Psychologinnen und Psychologen e.V. (zugleich Berufsordnung des*

Berufsverbands Deutscher Psychologinnen und Psychologen e.V.). Retrieved August 13, 2009, from http://www.bdp-verband.de/bdp/verband/ethik.shtml.

Blickle, G., & Solga, M. (2007). Macht und Einfluss. In H. Schuler & K.-H. Sonntag (Hrsg.), *Handbuch der Arbeits- und Organisationspsychologie* (S. 373-378). Göttingen: Hogrefe.

Bobko, P., & Stone-Romero, E. F. (1998). Meta-analysis may be another useful research tool, but it is not a panacea. In G. R. Ferris (Ed.), *Research in Personnel and Human Resources Management* (Vol. 16, pp. 359-397). Stamford, CT: JAI Press.

Borg, I. (2006). Mitarbeiterbefragungen. In H. Schuler, (Hrsg.), *Lehrbuch der Personalpsychologie* (2. überarb. u. erw. Aufl.) (S. 409-432). Göttingen: Hogrefe.

Borman, W. C., & Motowidlo, S. J. (1993). Expanding the criterion domain to include elements of contextual performance. In N. Schmitt & W. C. Borman (Eds.), *Personnel selection in organizations* (pp. 71-98). San Francisco: Jossey-Bass.

Bortz, J. (2005). *Statistik: für Human- und Sozialwissenschaftler* (5. Aufl.). Berlin: Springer.

Bortz, J., & Döring, N. (2006). *Forschungsmethoden und Evaluation: für Human- und Sozialwissenschaftler* (3. überarb. Aufl.). Berlin: Springer.

Breyer, F. (2007). *Mikroökonomik* (3. verb. Aufl.). Berlin: Springer.

Bruggemann, A. (1974). Zur Unterscheidung verschiedener Formen von „Arbeitszufriedenheit". *Arbeit und Leistung, 28,* 281-284.

Bundesagentur für Arbeit (2005). *Arbeitsmarktinformation 1-2005: Psychologinnen und Psychologen.* Bonn: Zentralstelle für Arbeitsvermittlung der Bundesagentur für Arbeit, ZAV.

Bundesanstalt für Arbeitsschutz und Arbeitsmedizin (BAuA) (2009). *Sicherheit und Gesundheit bei der Arbeit 2007 – Unfallverhütungsbericht Arbeit.* Dortmund: Autor.

Bungard, W. (2004). Organisationspsychologische Forschung im Anwendungsfeld. In H. Schuler (Hrsg.), *Lehrbuch Organisationspsychologie* (3. überarb. Aufl.) (S. 121-141). Bern: Huber.

Campbell, J. P., McHenry, J. J., & Wise, L. L. (1990). Modeling job performance in a population of jobs. *Personnel Psychology, 43,* 313-333.

Cartwright, S. (2005). Mergers and acquisitions: An update and appraisal. *International Review of Industrial and Organizational Psychology, 20,* 1-38.

Cascio, W. F., & Aguinis, H. (2008). Research in industrial and organizational psychology from 1963 to 2007: Changes, choices, trends. *Journal of Applied Psychology, 93,* 1062-1081.

Catano, V. M., Wiesner, W. H., Hackett, R. D., & Methot, L. L. (2005). *Recruitment and selection in Canada* (3rd ed.). Toronto: Thomson-Nelson.

Chan, D. (2002). Longitudinal modeling. In S. G. Rogelberg (Ed.), *Handbook of research methods in industrial and organizational psychology* (pp. 412-430). Malden, MA: Blackwell.

Chapman, D. S., Uggerslev, K. L., Carroll, S. A., Piasentin, K. A., & Jones, D. A. (2005). Applicant attraction to organizations and job choice: A meta-analytic review of the correlates of recruiting outcomes. *Journal of Applied Psychology, 90*, 928-944.

Cherrington, D. J. (1991). Need theories in motivation. In R. M. Steers & L. W. Porter (Eds.), *Motivation and work behavior* (pp. 31-44). New York: McGraw-Hill.

Clarke, S., & Robertson, I. T. (2005). A meta-analytic review of the big five personality factors and accident involvement in occupational and non-occupational settings. *Journal of Occupational and Organizational Psychology, 78*, 355-376.

Cleveland, J. N., Murphy, K. R., & Williams, R. E. (1989). Multiple uses of performance appraisal: Prevalence and correlates. *Journal of Applied Psychology, 74*, 130-135.

Cohen, J. (1994). The earth is round (p < .05). *American Psychologist, 49*, 997-1003.

Cook, T. D., Campbell, D. T., & Peracchio, L. (1990). Quasi experimentation. In M. D. Dunnette and L. M. Hough (Eds.), *Handbook of Industrial and Organizational Psychology* (2nd ed., Vol. 1) (pp. 491-576). Palo Alto, CA: Consulting Psychologists Press.

Cropanzano, R., & Folger, R. (1991). Procedural justice and worker motivation. In R. M. Steers & L. W. Porter (Eds.), *Motivation and work behavior* (pp. 131-143). New York: McGraw Hill.

De Dreu, C. K., & Weingart, L. R. (2003). Task versus relationship conflict, team performance, and team member satisfaction: A meta-analysis. *Journal of Applied Psychology, 88*, 741-749.

Deci, E. L., & Ryan, R. M. (1985). *Intrinsic motivation and self-determination in human behavior*. New York: Plenum.

Dunckel, H. (1999). *Handbuch psychologischer Arbeitsanalyseverfahren*. Zürich: vdf.

Dunnette, M.D., & Hough, L.M. (Eds.) (1990). *Handbook of industrial and organizational psychology* (2nd ed., Vol.1). Palo Alto, CA: Consulting Psychologists Press.

Edwards, J. R. (1994). The study of congruence in organizational behavior research: Critique and a proposed alternative. *Organizational Behavior and Human Decision Processes, 58*, 51-110.

Engström, T., Jonsson, D., & Medbo, L. (1998). The Volvo Uddevalla plant and interpretations of industrial design processes. *Integrated Manufacturing Systems, 9*, 279-295.

Felfe, J. (2006). Transformationale und charismatische Führung – Stand der Forschung und aktuelle Entwicklungen. *Zeitschrift für Personalpsychologie, 5*, 163-176.

Fiedler, F.E. (1967). *A theory of leadership effectiveness*. New York: McGraw Hill.

Flanagan, J. C. (1954). The critical incidents technique. *Psychological Bulletin, 51*, 327-358.

Freeman, R. E. (1984). *Strategic Management – A Stakeholder Approach*. Boston. MA: Pitman.

French, J. R. P., & Raven, B. H. (1959). The bases of social power. In D. Cartwright (Ed.), *Studies in social power* (pp. 150-167). Ann Arbor, MI: Institute for Social Research.

Fried, Y., & Ferris, G. R. (1987). The validity of the job characteristics model: A review and meta-analysis. *Personnel Psychology, 40,* 287-321.

Gebert, D. (2004). Intervention in Organisationen. In H. Schuler (Hrsg.), *Lehrbuch Organisationspsychologie* (3. überarb. Aufl.) (S. 601-616). Bern: Huber.

Geurts, S. A. E., & Demerouti, E. (2003). Work/non-work interface: A review of theories and findings. In M. J. Schabracq, J. A. M. Winnubst & C. L. Cooper (Eds.), *The handbook of work and health psychology* (2nd ed.) (pp. 279-312). Chichester: Wiley.

Gollwitzer, P.M. (1996). Das Rubikonmodell der Handlungsphasen. In J. Kuhl & H. Heckhausen (Hrsg.), *Motivation, Volition und Handlung. Enzyklopädie der Psychologie, C/IV/4* (S. 531-582). Göttingen: Hogrefe.

Greenberg, J. (1988). Equity and workplace status: A field experiment. *Journal of Applied Psychology, 73,* 606-613.

Greif, S. (2004). Geschichte der Organisationspsychologie. In H. Schuler (Hrsg.), *Lehrbuch Organisationspsychologie* (3. überarb. Aufl.) (S. 21-57). Bern: Huber.

Guzzo, R. A., Jette, R. D., & Katzell, R. A. (1985). The effects of psychologically based intervention programs on worker productivity: A meta-analysis. *Personnel Psychology, 38,* 275-292.

Hacker, W. (2005). *Allgemeine Arbeitspsychologie* (2. vollst. überarb. und erg. Aufl.). Bern: Huber.

Hacker, W., & Richter, P. (1980). Psychologische Bewertung von Arbeitsgestaltungsmaßnahmen: Ziele und Bewertungsmaßstäbe. In W. Hacker (Hrsg.), *Spezielle Arbeits- und Ingenieurpsychologie, Lehrtext 1.* Berlin: Deutscher Verlag der Wissenschaften.

Hackman, J. R. (1991). Work redesign. In R. M. Steers & L. W. Porter (Eds.), *Motivation and work behavior* (pp. 418-444). New York: McGraw Hill.

Hackman, J. M., & Oldham, G. R. (1980). *Work redesign.* Reading, MA: Addison-Wesley.

Harvey, R. J. (1991). Job analysis. In M. D. Dunnette & L. M. Hough (Eds.), *Handbook of industrial and organizational psychology* (2nd ed., Vol. 2) (pp. 71-164). Palo Alto, CA: Consulting Psychologists Press.

Herzberg, F. (1968). *Work and the nature of man.* London: Staples Press.

Herzberg, F., Mausner, B., & Snyderman, B. (1959). *The motivation to work.* New York: Wiley & Sons.

Höft, S., & Funke, U. (2006). Simulationsorientierte Verfahren der Personalauswahl. In H. Schuler (Hrsg.), *Lehrbuch der Personalpsychologie* (2. überarb. u. erw. Aufl.) (S. 145-188). Göttingen: Hogrefe.

Holland, J. L. (1997). *Making vocational choices: A theory of vocational personalities and work environments*. Odessa, FL: Psychological Assessment Resources.

Holling, H., & Liepmann, D. (2004). Personalentwicklung. In H. Schuler (Hrsg.), *Lehrbuch Organisationspsychologie* (3. überarb. Aufl.) (S. 345-383). Bern: Huber.

Huffcutt, A. I. (2002). Research perspectives on meta-analysis. In S. G. Rogelberg (Ed.), *Handbook of research methods in industrial and organizational psychology* (pp. 198-215). Malden, MA: Blackwell.

Hunter, J. E., & Hunter, R. F. (1984). Validity and utility of alternate predictors of job performance. *Psychological Bulletin, 96*, 72-98.

Hunter, J. E. & Schmidt, F. L. (2004). *Methods of meta-analyis: Correcting error and bias in research findings* (2nd ed.). Newbury Park, CA: Sage.

Institut für Demoskopie Allensbach (2008). Die Allensbacher Berufsprestige-Skala 2008. *Allensbacher Berichte, 2008(2)*. Allensbach: Autor.

Jahoda, M., Lazarsfeld, P. F., & Zeisel, H. (1933/1975). *Die Arbeitslosen von Marienthal. Ein soziographischer Versuch über die Wirkungen langdauernder Arbeitslosigkeit*. Frankfurt/M.: Suhrkamp.

Judge, T. A., Bono, J. E., Ilies, R., & Gerhardt, M. W. (2002). Personality and leadership: A qualitative and quantitative review. *Journal of Applied Psychology, 87*, 765-780.

Judge, T. A., Colbert, A. E., & Ilies, R. (2004). Intelligence and leadership: A quantitative review and test of theoretical propositions. *Journal of Applied Psychology, 89*, 542-552.

Judge, T. A., Parker, S. K., Colbert, A. E., Heller, D., & Ilies, R. (2001). Job satisfaction: A cross-cultural review. In N. Anderson, , D. S. Ones, H. K. Sinangil & C. Viswesvaran (Eds.), *Handbook of industrial, work, and organizational psychology* (Vol. 2) (pp. 25-52). London: Sage.

Judge, T.A., Piccolo, R. F., & Ilies, R. (2004). The forgotten ones? The validity of consideration and initiating structure in leadership research. *Journal of Applied Psychology, 89*, 36-51.

Karasek, R. A., & Theorell, T (1990). *Healthy work: Stress, productivity, and the reconstruction of working life*. New York: Basic Books.

Katz, D., & Kahn, R. L. (1966). *The social psychology of organizations*. New York: Wiley.

Katzell, R. A., & Austin, J. T. (1992). From then to now: The development of industrial-organizational psychology in the United States. *Journal of Applied Psychology, 77*, 803-835.

Kaufmann, I., Pornschlegel, H., & Udris, I. (1982). Arbeitsbelastung und Beanspruchung. In L. Zimmermann (Hrsg.), *Humane Arbeit – Leitfaden für Arbeitnehmer* (Bd. 5) (S. 13-48). Reinbek: Rowohlt.

Kirkpatrick, D. L. (1960). Techniques for evaluating training programs. *Journal of the American Society of Training Directors, 14*, 13-18; 28-32.

Kleinbeck, U. (2004). Die Wirkung von Zielsetzungen auf die Leistung. In H. Schuler (Hrsg.), *Beurteilung und Förderung beruflicher Leistung* (2. überarb. Aufl.) (S. 215-237). Göttingen: Hogrefe.
Kleinmann, M. (1999). Arbeitszeitmanagement. In C. Graf Hoyos & D. Frey (Hrsg.), *Arbeits- und Organisationspsychologie* (S. 178-187). Weinheim: PVU.
Kleinmann, M., & Wallmichrath, K. (2004). Organisationsdiagnose. In H. Schuler (Hrsg.) *Organisationspsychologie – Gruppe und Organisation. Enzyklopädie der Psychologie D/III/4* (S. 653-700). Göttingen: Hogrefe.
Kline, R.B. (2005). *Principles and practice of structural equation modeling* (2nd ed.). New York: The Guilford Press.
Koslowski, S. W. J. (2009). Editorial. *Journal of Applied Psychology, 94*, 1-4.
Kuhl, J. (1983). *Motivation, Konflikt und Handlungskontrolle*. Berlin: Springer.
Kühlmann, T. M., & Stahl, G. K. (2006). Problemfelder des internationalen Personaleinsatzes. In H. Schuler (Hrsg.), *Lehrbuch der Personalpsychologie* (2. überarb. u. erw. Aufl.) (S. 673-698). Göttingen: Hogrefe.
Lazarus, R. S. (1966). *Psychological stress and the coping process*. New York: McGraw-Hill.
Leontjew, A. N. (1977). *Tätigkeit, Bewusstsein, Persönlichkeit*. Stuttgart: Klett.
Levy, P. E. (2006). *Industrial/organizational psychology: Understanding the workplace* (2nd ed.). Boston, MA: Houghton Mifflin.
Locke, E. A., & Latham, G. P. (1990). *A theory of goal setting and task performance*. Englewood Cliffs, NJ: Prentice-Hall.
Lück, H. E. (2001). *Kurt Lewin. Eine Einführung in sein Werk*. Weinheim: Beltz.
Lück, H.E. (2004). Geschichte der Organisationspsychologie. In H. Schuler (Hrsg.) *Organisationspsychologie – Grundlagen und Personalpsychologie. Enzyklopädie der Psychologie D/III/3* (S. 17-72). Göttingen: Hogrefe.
Lück, H. E. (2009). *Geschichte der Psychologie: Strömungen, Schulen, Entwicklungen* (4. überarb. u. erw. Aufl.). Stuttgart: Kohlhammer.
March, J. G., & Simon, H. A. (1958). *Organizations*. New York: Wiley.
Marcus, B. (2009). "Faking" from the applicant's perspective: A theory of self-presentation in personnel selection settings. *International Journal of Selection and Assessment, 17*, 417-430.
Marcus, B. (im Druck). Die Perspektive der Bewerber: Kandidatenreaktionen auf Verfahren der Personalauswahl im internationalen Vergleich. In D. E. Krause, *Personalauswahl im internationalen Vergleich*. Göttingen: Hogrefe.
Maslow, A. H. (1943). A theory of human motivation. *Psychological Review, 50*, 370-396.
McCormick, E. J. (1976). Job and task analysis. In M. D. Dunnette (Ed.), *Handbook of industrial and organizational psychology* (pp. 651-696). New York: Rand McNally.
McGregor, D. M. (1960). *The human side of enterprise*. New York: McGraw-Hill.

Literaturverzeichnis

Meyer, J. P., Stanley, D. J., Herscovitch, L., & Topolnytsky, L. (2002). Affective, continuance, and normative commitment to the organization: A meta-analysis of antecedents, correlates, and consequences. *Journal of Vocational Behavior, 61*, 20-52.

Miller, G. A., Galanter, E., & Pribram, K. H. (1960). *Plans and the structure of behavior*. New York: Holt.

Moede, W. (1930). *Lehrbuch der Psychotechnik*. Berlin: Springer.

Moser, K. (2004). Planung und Durchführung organisationspsychologischer Untersuchungen. In H. Schuler (Hrsg.), *Lehrbuch Organisationspsychologie* (3. überarb. Aufl.) (S. 89-119). Bern: Huber.

Moser, K., & Zempel, J. (2004). Personalmarketing. In H. Schuler (Hrsg.) *Organisationspsychologie – Grundlagen und Personalpsychologie. Enzyklopädie der Psychologie D/III/3* (S. 389-438). Göttingen: Hogrefe.

Muck, P. M. (2006). Persönlichkeit und berufsbezogenes Sozialverhalten. In H. Schuler (Hrsg.), *Lehrbuch der Personalpsychologie* (2. überarb. u. erw. Aufl.) (S. 527-578). Göttingen: Hogrefe.

Münsterberg, H. (1912). *Die Psychologie und das Wirtschaftsleben*. Leipzig: Barth.

Münsterberg, H. (1914). *Grundzüge der Psychotechnik*. Leipzig: Barth.

Murphy, K. R., & Balzer, W. K. (1989). Rater errors and rating accuracy. *Journal of Applied Psychology, 74*, 619-624.

Nerdinger, F. W. (2006). Motivierung. In H. Schuler (Hrsg.), *Lehrbuch der Personalpsychologie* (2. überarb. u. erw. Aufl.) (S. 385-408). Göttingen: Hogrefe.

Nerdinger, F., Blickle, G., & Schaper, N. (2008). *Arbeits- und Organisationspsychologie*. Heidelberg: Springer.

Nezlek, J. B., Schröder-Abé, M., & Schütz, A. (2006). Mehrebenenanalysen in der psychologischen Forschung: Vorteile und Möglichkeiten der Mehrebenenmodellierung mit Zufallskoeffizienten. *Psychologische Rundschau, 57*, 213-223.

Oechsler, W. A. (2006). *Personal und Arbeit* (8. überarb. Aufl). München: Oldenbourg.

Patterson, M. G., West, M. A., Lawthorn, R., & Nickell, S. (1997). *People management, organizational culture, and company performance* (Issues in People Mangement, No. 22). London: Institute of Personnel and Development.

Paul, K. I., & Moser, K. (2009). Unemployment impairs mental health: Meta-analyses. *Journal of Vocational Behavior, 74*, 264-282.

Porter, L. W., & Lawler, E. E. (1968). *Managerial Attitudes and Performance*. Chicago, IL: Irwin.

Pruijt, H. (1998). Multiple personalities: The case of business process reengineering. *Journal of Organizational Change Management, 11*, 260-268.

Rasmussen, J. (1986). *Information processing and human-machine interaction: An approach to cognitive engineering*. New York: Elsevier.

Reason, J. T. (1990). *Human error*. New York: Cambridge University Press.

Richter, P., & Hacker, W. (1998). *Belastung und Beanspruchung. Stress, Ermüdung und Burnout im Arbeitsleben*. München: Asanger.

Rogelberg, S. G. (Ed.) (2002). *Handbook of research methods in industrial and organizational psychology*. Malden: Blackwell.

Rohmert, W., & Rutenfranz, J. (1975). *Arbeitswissenschaftliche Beurteilung der Belastung und Beanspruchung an unterschiedlichen industriellen Arbeitsplätzen* (Forschungsbericht). Bonn: Bundesministerium für Arbeit und Sozialordnung.

Rosenstiel, L. v. (2003). *Grundlagen der Organisationspsychologie* (5. überarb. Aufl.). Stuttgart: Schäffer-Poeschel.

Rosenstiel, L. v., & Wegge, J. (2004). Führung. In H. Schuler (Hrsg.), *Organisationspsychologie – Gruppe und Organisation. Enzyklopädie der Psychologie. D/III/4* (S. 494-558). Göttingen: Hogrefe.

Rousseau, D. M. (2006). Is there such a thing as evidence-based management? *Academy of Management Review, 31*, 256-269.

Rupp, D. E., & Beal, D. (2007). Checking in with the scientist–practitioner model: How are we doing? *The Industrial-Organizational Psychologist, 45*, 35-40.

Rüttinger, B. (1990). Konflikte in Organisationen. In C. Graf Hoyos, W. Kroeber-Riel, L. v. Rosenstiel & B. Strümpel (Hrsg.), *Wirtschaftspsychologie in Grundbegriffen*. (2. Aufl.) (S. 559-568). München: Psychologie Verlags Union.

Sackett, D. L., Rosenberg, W. M. C., Gray, J. A. M, Haynes, R. B., & Richardson, R. S. (1996). Evidence-based medicine: What it is and what it isn't (Editorial). *British Medical Journal, 312*, 71-72.

Sandberg, A. (1995/2007). *Enriching Production: Perspectives on Volvo's Uddevalla plant as an alternative to lean production* (Digital ed.). Stockholm: Swedish Institute for Work Life Research.

Savickas, M. L. (2005). The theory and practice of career construction. In S. D. Brown & R. W. Lent (Eds.), *Career development and counseling: Putting theory and research to work* (pp. 42-70). Hoboken, NJ: Wiley.

Schaper, N. (2007). Lerntheorien. In H. Schuler & K.H. Sonntag (Hrsg.), *Handbuch der Arbeits- und Organisationspsychologie* (S. 43-50). Göttingen: Hogrefe.

Schaufeli, W. B., & Buunk, B. P. (2003). Burnout: An overview of 25 years of research and theorizing. In M. J. Schabracq, J. A. M. Winnubst & C. L. Cooper (Eds.), *The handbook of work and health psychology* (2nd ed.) (pp. 383-425). Chichester: Wiley.

Schein, E. H. (1985). *Organizational culture and leadership: A dynamic view*. San Francisco: Jossey-Bass.

Schermelleh-Engel, K., & Schweizer, K. (2007). Multitrait-Multimethod-Analysen. In H. Moosbrugger & A. Kelava (Hrsg.), *Testtheorie und Fragebogenkonstruktion* (S. 325-342). Heidelberg: Springer.

Schmidt, F. L., & Hunter, J. E. (1998). The validity and utility of selection methods in personnel psychology: Practical and theoretical implications of 85 years of research findings. *Psychological Bulletin, 124,* 262-274.

Schneider, B. (1987). The people make the place. *Personnel Psychology, 40,* 437-453.

Scholl, W. (2004). Grundkonzepte der Organisation. In H. Schuler (Hrsg.), *Lehrbuch Organisationspsychologie* (2. überarb. Aufl.) (S. 515-556). Bern: Hans Huber.

Schuler, H., & Höft, S. (2006). Konstruktorientierte Verfahren der Personalwahl. In. H. Schuler (Hrsg.), *Lehrbuch der Personalpsychologie* (2. überarb. u. erw. Aufl.) (S.101-144). Göttingen: Hogrefe.

Schuler, H., & Marcus, B. (2004). Leistungsbeurteilung. In H. Schuler (Hrsg.) *Organisationspsychologie – Grundlagen und Personalpsychologie. Enzyklopädie der Psychologie. D/III/3* (S. 947-1006). Göttingen: Hogrefe.

Schuler, H., & Marcus, B. (2006). Biografieorientierte Verfahren der Personalauswahl. In. H. Schuler (Hrsg.), *Lehrbuch der Personalpsychologie* (2. überarb. u. erw. Aufl.) (S. 189-230). Göttingen: Hogrefe.

Schüpbach, H., & Zölch, M. (2004). Analyse und Bewertung von Arbeitssystemen und Arbeitstätigkeiten. In H. Schuler (Hrsg.), *Lehrbuch Organisationspsychologie* (3. vollst. überarb. u. erg. Aufl.) (S. 197-220). Bern: Huber.

Seashore, S. (1954). *Group cohesiveness in the industrial work group*. Ann Arbor, MI: University of Michigan Press.

Selye, H. (1953). *Einführung in die Lehre vom Adaptationssyndrom*. Stuttgart: Thieme.

Semmer, N., & Udris, I. (2004). Bedeutung von Arbeit. In H. Schuler (Hrsg.), *Lehrbuch der Organisationspsychologie* (3. vollst. überarb. u. erg. Aufl.) (S. 157-195). Bern: Huber.

Shapiro, D. (2002). Renewing the scientist-practitioner model. *The Psychologist, 15,* 232-234.

Society for Industrial and Organizational Psychology (SIOP) (2006). *2006 member survey overall report*. Retrieved August 13, 2009, from http://www.siop.org/userfiles/image/2006membersurvey/2006%20Overall%20Report1.pdf.

Sonntag, K.-H. (1990). Geschichte der Arbeitspsychologie. In E. G. Wehner (Hrsg.), *Geschichte der Psychologie* (S. 198-218). Darmstadt: Wissenschaftliche Buchgesellschaft.

Sonntag, K.-H. (2004). Personalentwicklung. In H. Schuler (Hrsg.) *Organisationspsychologie – Grundlagen und Personalpsychologie. Enzyklopädie der Psychologie. D/III/3* (S. 827-892). Göttingen: Hogrefe.

Sonntag, K.-H. (2007). Theorien der Arbeitstätigkeit. In H. Schuler & K.-H. Sonntag (Hrsg.), *Handbuch der Arbeits- und Organisationspsychologie* (S. 35-42). Göttingen: Hogrefe.

Sonntag, K.-H., & Stegmaier, R. (2006). Verhaltensorientierte Verfahren der Personalentwicklung. In H. Schuler (Hrsg.), *Lehrbuch der Personalpsychologie* (2. überarb. u. erw. Aufl.) (S. 281-304). Göttingen: Hogrefe.

Spector, P. E. (2006). Method variance in organizational research: Truth or urban legend? *Organizational Research Methods, 9,* 221-232.

Spieß, E. (2004). Kooperation und Konflikt. In H. Schuler (Hrsg.) *Organisationspsychologie – Gruppe und Organisation. Enzyklopädie der Psychologie. D/III/4* (S. 193-250). Göttingen: Hogrefe.

Stone-Romero, E. F. (2002). The relative validity and usefulness of various empirical research designs. In S. G. Rogelberg (Ed.), *Handbook of research methods in industrial and organizational psychology* (pp. 77-98). Malden, MA: Blackwell.

Sundstrom, E., McIntyre, M., Halfhill, T., & Richards, H. (2000). Work groups: From the Hawthorne studies to work teams of the 1990s and beyond. *Group Dynamics, 4,* 44-67.

Super, D. E. (1953). A theory of vocational development. *American Psychologist, 8,* 185-190.

Taylor, F. W. (1911). *The principles of scientific management.* New York: Harper & Row. Retrieved August 19, 2009, from http://www.eldritchpress.org/fwt/taylor.html.

Thomas, K. W. (1992). Conflict and negotiation processes in organizations. In M. D. Dunnette & L. M. Hough (Eds.), *Handbook of industrial and organizational psychology* (2nd ed., Vol. 3) (pp. 651-717). Palo Alto, CA: Consulting Psychologists Press.

Tinsley, H. E. A. (2000). The congruence myth: An analysis of the efficacy of the person-environment fit model. *Journal of Vocational Behavior, 56,* 147-179.

Trist, E., & Murray, H. (1990). Historical overview: The foundation and development of the Tavistock Institute to 1989. In E. Trist & H. Murray (Eds.), *The social engagement of social science.* Philadelphia: University of Pennsylvania Press. Retrieved August 24, 2009, from http://www.moderntimesworkplace.com/archives/ericsess/tavis1/tavis1.html

Tuckman, I. W. (1965). Developmental sequence in small groups. *Psychological Bulletin, 63,* 384-399.

Ulich, E. (1984). Psychologie der Arbeit. In *Management Enzyklopädie* (Bd. 7) (S. 914-929). Landsberg: Moderne Industrie.

Ulich, E. (2005). *Arbeitspsychologie* (6. überarb. u. erw. Aufl.). Stuttgart: Schäffer-Poeschel.

Van de Ven, A., & Ferry, D. L. (1980). *Measuring and assessing organizations.* New York: Wiley.

Van Iddekinge, C. H., Ferris, G. R., Perrewé, P. L., Perryman, A. A., Blass, F. R., & Heetderks, T. D. (2009). Effects of selection and training on unit-level performance over time: A latent growth modeling approach. *Journal of Applied Psychology, 94,* 829-843.

Vroom, V. H. (1964). *Work and motivation*. New York: Wiley.
Walgenbach, P. (2004). Organisationstheorien. In H. Schuler (Hrsg.), *Organisationspsychologie – Gruppe und Organisation. Enzyklopädie der Psychologie. D/III/4* (S. 605-652). Göttingen: Hogrefe.
Wegge, J. (2006). Gruppenarbeit. In H. Schuler (Hrsg.), *Lehrbuch der Personalpsychologie* (2. überarb. u. erw. Aufl.) (S. 579-610). Göttingen: Hogrefe.
Weinert, A. B. (2004). *Organisations- und Personalpsychologie* (5. vollst. überarb. Auflage). Weinheim: Beltz.
Weiss, H. M., & Cropanzano, R. (1996). Affective events theory: A theoretical discussion of the structure, causes, and consequences of affective experiences at work. *Research in Organizational Behavior, 18*, 1-74.
Wernimont, P., & Campbell, J. P. (1968). Signs, samples and criteria. *Journal of Applied Psychology, 52*, 372-376.
West, M. A., Guthrie, J. P., Dawson, J. F., Borrill, C. S., & Carter, M. (2006). Reducing patient mortality in hospitals: The role of human resource management. *Journal of Organizational Behavior, 27*, 983-1002.
World Health Organization (WHO) (1946). *Verfassung der Weltgesundheitsorganisation* (Deutsche Fassung). New York: Autor.
Zapf, D., & Semmer, N. K. (2004). Stress und Gesundheit in Organisationen. In H. Schuler (Hrsg.), *Organisationspsychologie – Grundlagen und Personalpsychologie. Enzyklopädie der Psychologie D/III/3* (S. 1007-1112). Göttingen: Hogrefe.
Zimolong, B. (2006). Gegenstand und Entwicklung der Ingenieurpsychologie. In B. Zimolong, & U. Konradt (Hrsg.), *Ingenieurpsychologie. Enzyklopädie der Psychologie. D/III/2* (S. 3-34). Göttingen: Hogrefe.

Stichwortverzeichnis

360-Grad-Beurteilung 84
Akkuratheit 85
Aktionsforschung 33, 35, 37, 116, 131
Arbeitslosigkeit 11, 35, 61, 67, 149
Arbeitszeitflexibilisierung 58
Army Beta Test 29, 38
Assessment Center 78, 131
Aufgaben-KSAO-Matrix 73
Auftragsforschung 120, 121, 122, 129, 133, 142
Basisrate 75
Beanspruchungsfolgen 65
Bedürfnispyramide 92
Befragung 35, 52, 114, 116, 130
Behavior Description Interview 79
Beobachtungsinterviews 52, 132
Beurteilungskonflikte 109
Bewertungskonflikte 109
Beziehungskonflikte 110
Bürokratietheorie 28, 38
Burnout 62, 152
Business Process Reengineering 42
Change Management 115, 151
Coaching 19, 88, 89
Cognitive Apprenticeship 88
competency models 52
conservative shift 106
Coping-Strategien 65
Delegation 112
Demand-Control-Modell 64
Effektstärke 129, 133, 137, 138
Emotionsarbeit 65
Entscheidungsspielraum 54

e-recruitment 42, 75
Ermüdung 26, 32, 38, 62, 152
Faktorenanalyse 133, 134
Fallstudien 105, 132
Feedback 83, 85, 89, 113, 116
Feldstudie 124
Fokusgruppen 132
Formalisierung 112
Forschungsfrage 125, 132, 136
Forschungsökonomie 123, 128, 129
Fragebogen 29, 78, 97, 123, 130
free riding 106
freie Eindrucksschilderungen 84
Frontalunterricht 88, 90
Führungsstile 17, 101, 102
Führungsteams 107
Generic-Error-Modeling-System (GEMS)-Modell 67
Gestaltungsspielraum 54
Gruppendenken 106
Gruppenidentität 103, 104
Gruppenkohäsion 38, 104, 105
Gruppenpolarisierung 106
Handlungsspielraum 54, 98
Hawthorne-Effekt 33
Hawthorne-Studien 33, 36, 38
horizontale Aufgabenerweiterung 55
Human Relations Bewegung 33
Hypothesen 18, 19, 51, 68, 119, 121, 122, 132, 133
hypothetico-deduktives Vorgehen 51
Industrielle Psychotechnik 29, 31
Inhaltstheorien der Motivation 54

Institutionenökonomie 114
Integrity Tests 77, 79
interkulturelle Unterschiede 112
International Association for Applied Psychology (IAAP) 21
Interview 39, 79, 130
job enlargement 55
job enrichment 55, 117
Kohortenuntersuchungen 125
Konfiguration 111
Kontingenztheorien der Führung 102
Koordination 111
korrektive Arbeitsgestaltung 58
Kriteriumsdefizienz 81
Kriteriumskontamination 81
KSAOs (knowledge, skills, abilities, other characteristics) 72
Laboratoriumsmethode 116
Laborstudie 124
Latent Growth Models 135
Life-Event-Forschung 64
Lineare Strukturgleichungsmodelle 134
LMX-Theorie 103
Machtgrundlagen 100
Mehrebenenanalysen 136, 151
Mensch-Technik-Organisation (MTO)-Konzept 51
Mentoring 89
Messzeitpunkte 122, 128, 134, 135
Metaanalysen 18, 39, 99, 117, 129, 134, 138
Mikropolitik 114
Mitarbeiterbefragungen 115, 146
Mobbing 109
Monotonie 38, 40, 62
Motivatoren 92, 93
Motive 47, 72, 92, 108
mündliche Präsentation 142
Multitrait-Multimethod-Analysen 135, 152
Netzwerkanalysen 114

non-reaktive Verfahren 130
Objektpsychotechnik 31
offene Fragen 132
Ohio-Studien 101
Operatives Abbildsystem (OAS) 49
Organisationsdiagnose 6, 86, 91, 114, 150
Organisationsklima 86, 112, 115
Organizational Citizenship Behavior (OCB) 82
organizational commitment 99
Partizipation 16, 95, 103, 117, 121
Person-Environment-Fit (P-E-Fit) 64
Persönlichkeits- und Karriereentwicklung 87
Phasenmodell der Gruppenentwicklung 104
politische Arena 114
Potenzialanalyse 86
Praktikabilität 85
präventive Arbeitsgestaltung 58
Primärstudien 137, 138
Produktionsteams 107
Programmierte Instruktion 88
Projektteams 107
prozedurale Gerechtigkeit 97
Prozessberater 116
Prozesstheorien der Motivation 92, 93, 94
psychometrische Tests 131
Psychotechnik 29, 30, 31, 32, 33, 38, 151
Qualitätszirkel 107, 117
reaktive Verfahren 130
Regressionsanalyse 133
Regressions-Diskontinuitäts-Designs 125
Regulationsebenen 49
Research Center on Group Dynamics 33, 38
RIASEC-Modell 71
risky shift 106
Sättigung 62
Scientist-Practitioner-Modell 18, 19, 119

Stichwortverzeichnis

Selbstbeurteilung 84
Selbstregulation 37, 56, 95
Selbststudium 88
Selektionsquote 75
Sensitivitätstraining 88, 90, 116
Serviceteams 107
Simulationen 78, 88, 131
Situational Judgment Tests (SJTs) 78
social compensation 106
social facilitation 32, 106
social laboring 106
social loafing 106
Society for Industrial and Organizational Psychology (SIOP) 21, 153
soldiering 106
Soziale Psychotechnik 32
sozialer Konflikt 109
Soziogramme 112
Standardisierung 83, 84, 112
statistische Signifikanz 133
Stichprobengröße 128, 132, 137, 138
strukturale OE-Maßnahmen 116
subject matter experts, SMEs 73
Subjektpsychotechnik 31
Sucker-Effekt 106
Survey Feedback 33, 116
Tavistock Institute of Human Relations 36, 38
Theorie affektiver Ereignisse 97
Theorie der Arbeitscharakteristika 55, 93
Theorie der Laufbahnkonstruktion 70
Theorie der Selbstbestimmung 93
Theorie X vs. Y 113
Trainingsevaluation 89, 132
Transaktionale Stresstheorie 64
Untersuchungsanlage 122, 123
Untersuchungseinheit 129
Untersuchungskontext 123, 124
Untersuchungsmaterialien 122
Urteilstendenzen 85
Valenz-Instrumentalitäts-Erwartungs-(VIE-)Theorie 94
Validitätsgeneralisierung 39, 77, 137, 138
Varianzanalyse 133, 135
Vergleichs-Veränderungs-Rückkopplungs(VVR)-Einheiten 48
Verhaltensbeobachtung 130
Verhaltensmodellierung 88, 89
Verhaltensmodifikation 86, 87, 88
Verteilungskonflikte 110
Vertrauen 37, 89, 91, 99, 109
vollständige Handlungen 49
Weg-Ziel-Theorien 102
Weisungen 111
Widerstand gegen OE-Maßnahmen 117
Wissenserwerb 86, 87, 88
worker-oriented job analysis 52
Work-Life-Balance 43
work-oriented job analysis 52
Zeitreihenanordnungen 125
Zielsetzungstheorie 94
Zirkulationsmodell 94, 97
Zweifaktorentheorie 38, 54, 93, 97